Wolfram Kopfermann · Aufbruch in ein neues Land

Edition
AUF:ATMEN

Wolfram Kopfermann

Aufbruch in ein neues Land

Glauben lernen mit Abraham

R. BROCKHAUS VERLAG WUPPERTAL

BUNDES-VERLAG WITTEN

Die Edition AUF:ATMEN
erscheint in Zusammenarbeit zwischen dem
R. Brockhaus Verlag Wuppertal
und dem Bundes-Verlag Witten
Herausgeber: Ulrich Eggers

Die Textabschnitte aus der Bibel sind der Lutherbibel entnommen,
revidierter Text 1984, mit freundlicher Genehmigung der Deutschen
Bibelgesellschaft Stuttgart

© 1997 R. Brockhaus Verlag Wuppertal
Umschlag: Dietmar Reichert, Dormagen
Gesamtherstellung: Breklumer Druckerei Manfred Siegel KG
ISBN 3-417-24405-6 (R. Brockhaus V.)
ISBN 3-926417-52-8 (Bundes-Verlag)

Bestell-Nr. 224 405 (R. Brockhaus V.)
Bestell-Nr. 208 752 (Bundes-Verlag)

INHALT

Vorwort 7

1. Abschiednehmen von Haran oder:
   Der Aufbruch des Glaubens 11
2. Der Patriarch lügt oder:
   Das Absehen vom Glauben 21
3. Eine brüderliche Trennung oder:
   Die Gelassenheit des Glaubens 28
4. Der Sieg über die Könige oder:
   Der Aufstand des Glaubens 37
5. Die Begegnung mit Melchisedek oder:
   Der Segen des Glaubens 44
6. »Abraham glaubte dem Herrn« oder:
   Die Gerechtigkeit des Glaubens 50
7. Eine Feuerflamme oder:
   Die Zeichen des Glaubens 61
8. Eine Sackgasse der Eigenmächtigkeit oder:
   Die Geduld des Glaubens 71
9. Unterordnung und Vertrauen oder:
   Zwei Dimensionen des Glaubens 78
10. Alles ist möglich für Gott oder:
    Die Chancen des Glaubens 89
11. Leidenschaftliche Fürbitte oder:
    Die Selbstlosigkeit des Glaubens 97
12. Die Ankunft Isaaks oder:
    Der Spannungsbogen des Glaubens 110
13. Das unvergleichliche Opfer oder:
    Die Unerschütterlichkeit des Glaubens 119

VORWORT

»Glaube« ist ein Schlüsselbegriff des Christentums. Er umschreibt wie kein anderer die Antwort, die Gott sich als Reaktion auf seine Zuwendung von unserer Seite wünscht. Weil dieses Wort sowohl im profanen als auch im kirchlichen Sprachgebrauch allzu geläufig ist, vergessen wir meist, wie wenig selbstverständlich dieser Sachverhalt ist. Ein kurzer Blick in die Religionsgeschichte könnte uns helfen. Wie drücken andere Religionen die angemessene Haltung »Gott« gegenüber aus? In der fernöstlichen Welt begegnen uns Begriffe wie »Erleuchtung« oder »Einswerden«; in der Frömmigkeit der Moslems wird »Islam«, also »völlige Hingabe« angestrebt; das, worum es dem Judentum geht, könnte man vielleicht mit »Gehorsam« umschreiben. Interessanterweise finden sich alle diese Begriffe auch im Christentum. Aber keiner von ihnen ist so zentral wie der Begriff des Glaubens. Weil wir der Inflation des Glaubensbegriffes entgegenarbeiten wollten (und mussten), haben wir verdeutlichende oder ergänzende Begriffe gesucht. Da war dann von »Entscheidung«, »Hingabe«, »Lebensübergabe«, »Ernst machen mit Jesus Christus«, von »Christus erleben« oder von dem »Akt des Vertrauens« die Rede. Das half denen, die sich bei »Glauben« nichts mehr dachten.

Am Ende ist das biblische Ur-Wort »Glaube« aber doch unentbehrlich. Es bündelt sozusagen die Grundhaltung einer neutestamentlich orientierten Frömmigkeit. So jedenfalls muss es Christen erscheinen, die die Evangelien und besonders die Paulusbriefe aufmerksam lesen. Wichtig finde ich, was Dietrich Bonhoeffer in seinen Briefen aus der Gefangenschaft einmal schrieb: »Ich erinnere mich eines Gespräches, das ich vor 13 Jahren in A. mit einem französischen jungen Pfarrer hatte. Wir hatten uns ganz einfach die Frage gestellt, was wir mit unserem Leben eigentlich wollten. Da sagte er, dass er ein Heiliger werden wollte (– und ich halte für möglich, dass er es geworden ist –); das beeindruckte mich damals sehr. Trotzdem widersprach ich ihm und sagte ungefähr: *Ich möchte glauben lernen.* Lange Zeit habe ich die Tiefe dieses Gegensatzes nicht verstanden. Ich dachte, ich könnte glauben lernen, indem ich so etwas wie ein heiliges Leben zu führen versuchte.« (Hervorhebung von W. K.)

Geht man dem Thema »Glauben« in der Bibel nach, so stößt man natürlich auf Abraham. Man hat ihn den »Vater des Glaubens« genannt (Sören Kierkegaard). Das Neue Testament bezieht sich häufig auf ihn, außer Jesus insbesondere Paulus, Jakobus und der Hebräerbrief. Man kann die einschlägigen Stellen leicht in einer Konkordanz nachschlagen. Es reizte mich, nicht bloß die neutestamentlichen Zitate aus den alten Abrahamgeschichten, sondern diese selbst zu meditieren. Dabei fiel mir auf, wie sprunghaft Abrahams Glaubensentwicklung verläuft! Ich entdeckte über ihm den weiten Bogen der Treue Gottes. Darunter gab es, auf Abrahams Seite, Hochs und Tiefs, Heldenhaftes und Beschämendes. Wesentlich scheint mir, dass dieser Mann durchhielt. So blieb es nicht bei einem Auf und Ab. Im Laufe vieler Jahre entstand eine »Persönlichkeit des Glaubens«.

Der Titel meines Buches scheint zunächst nur dem Beginn der Abrahamgeschichten, nämlich der Aussage von 1. Mose 12 (Abraham verlässt Haran) gerecht zu werden. Aber der erste Eindruck täuscht. Es gehört zum *Wesen* des biblischen Glaubens, dass er aus dem jeweils Vertrauten hin zu dem aufbricht, was als »Land der Verheißung« vor ihm liegt. Dieser Glaube ist in sich Bewegung und trägt deshalb oft auch den Charakter des Unbequemen. Aufgrund seiner Dynamik bedeutet er zugleich ein Abenteuer, das erst in Gottes zukünftigem Reich endet – dort, wo unser Glauben zum »Schauen« wird.

Natürlich lese ich die Abrahamgeschichten vom Neuen Testament her; eine andere Betrachtung ist uns nach Jesu Kommen verwehrt. Ich habe nicht alle in Frage kommenden Texte behandelt, sondern eine Auswahl getroffen; auch das, was ich beim Lesen der bevorzugten Texte wahrgenommen habe, ist wohl nur eine »Auswahl«.

Ich glaube nicht an einzig richtige Auslegungen biblischer Texte; sie sind zu groß, um von einer »abschließenden« Interpretation erfasst zu werden. Nur dies möchte ich versichern, dass ich ehrlich bemüht war, nichts aus den Texten »herauszuholen«, was nicht in ihnen selber gemeint bzw. mitgemeint ist. Natürlich wollte ich keinen neuen Kommentar zu den ausgewählten Kapiteln schreiben. Ich freue mich über gute wissenschaftliche und allgemein verständliche Kommentare zu den Büchern der Bibel und benutze sie permanent in meiner Gemeindearbeit. Natürlich galt das auch für die Erarbeitung der Abrahamgeschichten. Was herausgekommen ist, könnte man wohl als eine »seelsorgerliche Schriftauslegung« bezeichnen. So steht mein Aktualisierungsversuch neben früheren, gegenwärtigen oder kommenden Auslegungen anderer Christen.

Geübten Lesern wird der Sprechstil weiter Textpassagen auffallen. In der Tat liegen den Kapiteln dieses Buches ursprünglich Predigten zugrunde, die aufgezeichnet, abgeschrieben und für die schriftliche Fassung bearbeitet wurden. Dabei habe ich den aufgelockerten Kommunikationsstil der Predigten belassen. Ich hoffe, dass dies der leichteren Verständlichkeit, mehr noch: dem inneren Kontakt zum Leser dient.

Edda Harms danke ich herzlich für ihre viel Zeit beanspruchende Mithilfe bei der Erfassung der Texte per PC. Mein Wunsch ist es, dass diese Publikation heutige Leser zu einem konkreten und praktischen Glauben an unseren großen und äußerst verlässlichen Gott ermutigt, ja, dass sie uns darüber hinaus hilft, »Menschen des Glaubens« zu werden.

Hamburg, im Frühjahr 1997   Wolfram Kopfermann

Kapitel 1

Abschiednehmen von Haran oder: Der Aufbruch des Glaubens

1 Und der HERR sprach zu Abram: Geh aus deinem Vaterland und von deiner Verwandtschaft und aus deines Vaters Hause in ein Land, das ich dir zeigen will.
2 Und ich will dich zum großen Volk machen und will dich segnen und dir einen großen Namen machen, und du sollst ein Segen sein.
3 Ich will segnen, die dich segnen, und verfluchen, die dich verfluchen; und in dir sollen gesegnet werden alle Geschlechter auf Erden.
4 Da zog Abram aus, wie der HERR zu ihm gesagt hatte, und Lot zog mit ihm. Abram aber war fünfundsiebzig Jahre alt, als er aus Haran zog.
5 So nahm Abram Sarai, seine Frau, und Lot, seines Bruders Sohn, mit aller ihrer Habe, die sie gewonnen hatten, und die Leute, die sie erworben hatten in Haran, und zogen aus, um ins Land Kanaan zu reisen. Und sie kamen in das Land,
6 und Abram durchzog das Land bis an die Stätte bei Sichem, bis zur Eiche Lore; es wohnten aber zu der Zeit die Kanaaniter im Lande.
7 Da erschien der HERR dem Abram und sprach: Deinen Nachkommen will ich dies Land geben. Und er baute dort einen Altar dem HERRN, der ihm erschienen war.
8 Danach brach er von dort auf ins Gebirge östlich der Stadt Bethel und schlug sein Zelt auf, so dass er Bethel im Westen und Ai im Osten hatte, und baute dort dem HERRN einen Altar und rief den Namen des HERRN an.
9 Danach zog Abram weiter ins Südland. (1. Mose 12,1-9)

Glauben heißt: aufbrechen, ausziehen. Natürlich hat der Glaube noch andere Aspekte. Glaube meint auch: Treusein, Verbindlichkeit leben, Festgewurzeltsein in Gott. Glaube schließt ein: ein geordnetes geistliches Leben führen, sich also mit Regelmäßigkeit, ja Disziplin befreunden. Das alles stimmt. Aber Glaube besagt eben unter anderem – und das ist sehr wichtig –: aufbrechen, ausziehen. Das lernt man an diesem Menschen Abraham, der »Vater des Glaubens« genannt wird. Es ist sozusagen die erste Abraham-Lektion.

Man kann aus ganz anderen Gründen ausziehen und aufbrechen als aus Gründen des Glaubens, zum Beispiel *weil man erwachsen wird*. Dann verlässt man die Wohnung bzw. das Haus der Eltern. Das hat mit Glauben nichts zu tun, ist aber meistens sehr nötig. Manchen gar nicht mehr jungen Leuten muss man eindringlich raten, gerade diesen Schritt zu tun, weil oft nur durch den räumlichen Abstand vom Elternhaus die Reifung möglich wird, die jemand braucht.

Man kann auch aus *finanziellen Gründen* ausziehen. Ich erinnere mich an die Fünfziger Jahre: Da brachen Menschen meiner Umgebung nach Kanada auf; sie wanderten aus, weil sie glaubten, in der »Neuen Welt« besser zu verdienen als bei uns.

Man kann ausziehen und Brücken abbrechen zu Menschen, weil man mit ihnen nicht mehr zurechtkommt, oft auch, *weil man unversöhnlich ist,* weil man nicht vergeben »kann«. Das ist unerfreulich und sicher auch nicht christlich. Man kann aufbrechen, *weil es einem an Geduld fehlt,* weil man sich nicht an Menschen binden möchte oder weil man gar nicht dazu fähig ist. Darum beginnt man da einen Kontakt und dort eine Beziehung, bricht sie dann allerdings wieder ab. So gibt es diese Wandervögel in der christlichen Szene. Sie sind sozusagen immer unterwegs, nicht nur von Konferenz zu Konferenz, sondern auch von Gemeinde zu Gemeinde. Sie haben Angst davor, sich irgendwo zu binden, ja einzuwurzeln.

Man kann auch *aus einer Gesellschaft ausbrechen* und in die Emigration gehen: in die »äußere« Emigration, für die sich etwa im Dritten Reich ein Teil der deutschen Intellektuellen entschied, oder in die »innere« Emigration: dann nimmt man radikal Abstand von der Gesellschaft, ohne sie äußerlich zu verlassen. Man sagt: »Das Ganze interessiert mich keine Bohne; ich kümmere mich um mein eigenes Leben, das reicht mir völlig.« Man ist äußerlich drin, aber innerlich draußen.

Mit einem Wort: Es gibt viele Gründe für einen »Auszug«. Es müssen nicht immer solche des Glaubens sein, und das Ausziehen lässt sich auch nicht immer positiv bewerten. Umso mehr lohnt sich die Frage: Was heißt denn aufbrechen, aussteigen, wegziehen im Glauben?

Ich möchte auf einige Beispiele aus dem Neuen Testament zurückgreifen. Jesus wird als »der Anfänger und Vollender des Glaubens« bezeichnet (Hebräer 12,2). Drei Jahrzehnte lang verbrachte er ein fast ganz »bürgerliches« Leben. Es gibt aber immerhin eine Stelle, die deutlich macht, dass er doch Befremden erregte. Lukas (2,41-52) erzählt von dem zwölfjährigen Jesus, dass er in den Tempel ging und dort theologische Gespräche führte und dass seine Mutter völlig bestürzt sagte: »Junge, wir haben dich mit Angst gesucht. Warum hast du uns das angetan?« Damals sprach Jesus ein Wort voller Distanz: »Wusstet ihr nicht, dass ich im Haus meines Vaters sein muss?« Und Josef stand daneben! Aber abgesehen von dieser Szene, deren Gewicht beträchtlich ist, wissen wir doch von Jesus, dass er nicht auszog, ehe er dreißig wurde. Erst nach der Jordantaufe, erst als er beauftragt und durch den Geist bevollmächtigt war, begann Jesus ein Leben, das wir heute unbürgerlich nennen würden und von dem er selber sagt: »Die Füchse haben Gruben, und die Vögel unter dem Himmel haben Nester, aber der Menschensohn hat keine Stätte, wohin er sein Haupt legen kann« (Lukas 9,58). Menschlich betrachtet, erklärt Jesus, gehöre ich nirgends hin. Seine eigenen Angehörigen erklärten ihn für geisteskrank (Markus 3,21). Und sogar seine Jünger – sie bildeten seinen engsten Freundes- und Vertrautenkreis – verstanden ihn oft gar nicht, so dass er sie hart kritisieren musste. Er durchbrach alle menschlichen Bindungen und ging seinen Weg zum Kreuz.

Das galt in ähnlicher, wenn auch nicht gleicher Weise dann für die Apostel. Jesus traf sie bei den Netzen oder am Zoll, und er berief sie, ohne mit ihnen zu verhandeln: »Folgt mir nach!« Typischerweise erfahren wir nichts von Überlegungen auf Seiten dieser Berufenen, die doch so verständlich gewesen wären: »Mit dir zu gehen, das ist ein interessanter Gedanke, Jesus, den wollen wir noch ein bisschen bewegen, mit unseren Freunden diskutieren und im Gespräch mit unseren Familien entscheiden. Zur Zeit sind wir noch nicht so weit. Aber wir werden das noch klären.« Sondern es heißt: »Da ließen sie sogleich ihre Netze liegen und folgten ihm nach« (Matthäus 4,20). Gemeint ist ein Auszug aus dem Beruf und teilweise auch aus der Familie in ein neues Leben der Bindung an Jesus.

Ich denke an einen Mann wie Paulus, der ganz eingebunden, ja, eingeschlossen war in seine väterliche Religion, der vor Damaskus Christus sah, von ihm zu Boden geworfen wurde, eine Bekehrung erlebte und von demselben Augenblick an für seine alten Religionsgenossen ein Fremder war – , so stark, dass in der Apostelgeschichte bereits wenige Verse nach der berichteten Bekehrung von einer Verfolgung des neuen Jesusjüngers die Rede ist (9,23-25). Paulus wurde zum Außenseiter in dem Moment, als er sich Christus anschloss.

Im Brief an die Hebräer (13,14) lesen wir den Satz: »Wir haben hier keine bleibende Stadt, sondern die zukünftige suchen wir.« Die Stadt ist ein Inbegriff für das Eingebettetsein in die menschliche Gesellschaft. Noch die Christen der nach-neutestamentlichen Zeit waren so sehr »ausgezogen«, sie waren so sehr aufgebrochen aus ihrer Gesellschaft, dass sie einen bösen Vorwurf entgegennehmen mussten. Man warf ihnen »Odium generis humani« – Hass gegen das Menschengeschlecht – vor. Das ist ein deftiger Tadel. Wie hatten sie sich den zugezogen? Im Römischen Reich gab es eine Vielzahl von Religionen, die in wechselseitiger Toleranz nebeneinander lebten. Die Christen aber störten das ganze System, indem sie behaupteten: »Unser Jesus ist der Weg, die Wahrheit und das Leben.« So isolierten sie sich von der Gesellschaft, und man warf ihnen vor: »Ihr hasst die Menschen«, was natürlich völlig danebentraf. Man erlebte sie als Fremde!

Ich könnte von den Klostergründungen in der Alten Kirche erzählen. Die Großkirche verweltlichte, aber zahlreiche Christen meinten es sehr ernst mit ihrem Glauben. Sie zogen aus und siedelten sich in Mönchsgemeinschaften an. Ohne Frage: Man kann einiges an diesem Gesamtprozess kritisieren, aber kaum bestreiten, dass es hier um das alte biblische Thema des Auszugs ging.

Wir könnten nachdenken über den heiligen Franziskus, der aus einer reichen Familie kam. Er zog aus – und wählte die Armut. Auch bei Martin Luther stoßen wir, wenn auch nicht über die gesamte Dauer seines Lebens, auf diese Haltung. Jahrelang war er so aus der Gesellschaft ausgeschlossen, dass ihn jeder, der ihn irgendwo traf, hätte töten können; er war nämlich »vogelfrei«. Wir dürfen nicht vergessen: Dies war eine Folge des inneren Auszugs Luthers aus dem religiösen System!

Wir könnten über John Wesley, den Gründer der methodistischen Bewegung, sprechen, diesen großen Mann, von dem noch heute viele Wirkungen ausgehen. Eines der »schrecklichen« Dinge, die er sich zuschulden kommen ließ, bestand darin, dass er die Predigt aus den Kirchenräumen auf die Straßen und Plätze trug. Wesley und seine Freunde erreichten die Menschen. Ihre Bereitschaft zum »Auszug« brachte ihnen viele Verfolgungen ein.

Ich könnte von den Menschen erzählen, die wir als die Väter der Weltmission ehren. Es ist interessant (wenn auch sehr verständlich), wie wenig Verständnis die Reformatoren, auch Luther oder Calvin, für die Weltmission hatten. Dann kam eine neue Zeit, in der Christen sagten: »Wir müssen das Evangelium hinaustragen in die Gegenden der Erde, wo es noch nicht bekannt ist.« Einer dieser vielen Leute war Hudson Taylor, ein Arzt: Er ging als Engländer nach China, stellte sich auf die fremden Menschen ein, trug zum Beispiel chinesische Kleidung. Hier geschah in mehr als einer Hinsicht ein Auszug!

Dies waren wenige, fast beliebige Beispiele für die eine Wahrheit: Glauben heißt ausziehen, in Bewegung geraten, in Bewegung bleiben, Neues wagen, Risiken eingehen, ein Land suchen, das man noch gar nicht kennt.

Und dies erreicht Gott – um nun auf Abraham zurückzukommen, der uns diese Überlegungen nahe legt – vor allen Dingen dadurch, dass er neben den kurzen Befehl »zieh aus« eine sehr lange Verheißung stellt. »Verheißung« ist der Fachausdruck für das, was Gott verspricht. »Und ich will dich zum großen Volk machen und will dich segnen und dir einen großen Namen machen, und du sollst ein Segen sein. Ich will segnen, die dich segnen, und verfluchen, die dich verfluchen; und in dir sollen gesegnet werden alle Geschlechter auf Erden« (1. Mose 12,2-3). Ich denke mir, dass Opa Abraham – er war immerhin 75 – sich gesagt hat: »Wenn das stimmt, dann ziehe ich aus.« Es war eine hohe Motivation nötig, um einen Menschen des Altertums aus seiner Sippe, aus familiären und regionalen Bindungen zu lösen, damit er sich in Bewegung setzte. Dies erreichte Gott, indem er ihm ein so großes Versprechen gab.

Immer dann, wenn wir ausziehen aus Vertrautem, Bekanntem, Erstarrtem, aus Bereichen, wo wir nicht mehr im Gehorsam leben können, weil Gott uns weiterziehen lassen will, brauchen wir eine Verheißung Gottes. Sie muss nicht so gewaltig sein wie bei Abraham, aber es muss sich doch um eine Verheißung Gottes handeln. »Ich verspreche dir ein weiteres, freieres, dynamischeres, gefüllteres, gesegneteres Leben als bisher.« Gott will uns nicht ängstigen, wenn er sagt: »Gib das auf, brich das ab, geh dorthin!«, er will uns mehr von sich erfahren lassen. Ich habe den Eindruck, dass wir diese Seite des Glaubens ein wenig klein schreiben. Ich glaube, dass uns in unserem Land, innerhalb eines noch immer wohlhabenden Volkes, diese Seite des Glaubens, nämlich aufzubrechen, Neues für Gott zu wagen, sich senden zu lassen, zu wenig in die Knochen gefahren ist, dass Sicherheitsbedürfnisse und Traditionalismus zu weit verbreitet sind. Und ich denke: Wenn wir diese Mentalität nicht durchbrechen, werden wir nicht den geistlichen Platz einnehmen, den wir einnehmen könnten, und nicht die Taten vollbringen, die wir in Gottes Namen vollbringen sollten. Gott will uns stärker gebrauchen, er möchte unseren Lebenshorizont erweitern. Er bewirkt das in einer Weise, die uns auf den Leib geschrieben ist.

Zu allen Zeiten gibt es Menschen, die von Haus aus großzügig denken, in weiten Dimensionen, denen es Freude macht, Risiken einzugehen, die sterben, wenn nichts Neues beginnt. Vielleicht haben die es an dieser Stelle ein ganz klein wenig leichter. Dann gibt es Leute, die von ihrer Wesensart her konservativer sind, die sich eher vor jedem neuen Risiko fürchten, also auch vor einem geistlichen. Und weil Gott Gott ist, weil er uns geschaffen hat und wir ihm wichtig sind, wird er uns nie überfordern und zum Beispiel nie von uns eine geistliche Innovationsfreudigkeit verlangen, die unserer Wesensart fremd ist. Aber er möchte auch die Konservativsten in Bewegung halten.

Es gibt ja zwei Arten von Konservativ-Sein. Auf der einen Seite geht es um das Bewahren von Dingen, die es einfach wert sind, bewahrt zu werden. So sind sich wohl alle Gläubigen darüber einig, dass die Familie etwas ist, das Gott schützen will und um dessen Bewahrung man folglich kämpfen darf. Wir glauben, dass es moralische Prinzipien gibt, etwa Aufrichtigkeit oder Hilfsbereitschaft, für die man sich einsetzen soll. Aber es gibt auch Leute, die in ihrem Wesen konservativ, das heißt dem jeweils Früheren verhaftet sind, die mehr in der Vergangenheit leben als in der Gegenwart, geschweige denn in der Zukunft. Leider besteht ein gewisses altersbedingtes Gefälle hin zum konservativen Denken. Nicht alle Zwanzigjährigen sind beweglicher als Fünfzigjährige. Aber jenseits einer schwer zu verallgemeinernden Altersgrenze trifft man selten Menschen, die Neues denken.

Ich muss noch auf einen wichtigen Teilaspekt unseres Themas zu sprechen kommen – auf unsere Ängste vor dem Neuen. Sie sind immer da. Manche zeigen sie deutlicher, manche verstecken sie mehr. Wenn Gott Neues von uns verlangt, stellen sich meist irgendwelche Ängste ein. Es gibt eine Geborgenheit, die dadurch zustande kommt, dass Ihnen die Welt, in der Sie leben, vertraut ist; Sie kennen sich aus. Nun sagt Gott: »Zieh aus!« Sie erinnern sich vielleicht noch an die Zeit, als Sie Christ geworden sind. Das ist vielleicht der radikalste Aufbruch, den es überhaupt bei einem Menschen gibt: das Verlassen des alten Lebens ohne Gott, in dem man sich aber doch auskennt. Es gibt erwachsene, gestandene, berufserfahrene und erfolgreiche Männer, die Angst davor haben, diesen neuen Schritt zu tun, aufzubrechen in den Glauben. Wie gut, wenn ihre Angst sie nicht abhält, das Richtige zu tun!

Ich nehme an, dass Abraham trotz der gewaltigen Verheißung Gottes und trotz seiner Bereitschaft, ihm zu folgen, doch Ängste verspürte, diesen neuen Weg zu gehen. Mein Eindruck ist, dass die meisten Menschen zum mindesten eine Scheu überwinden müssen, wenn Gott Neues verlangt, selbst wenn sie viele Jahre Christen sind. Wird das Neue besser sein als das Alte? Wo kommt man hin, wenn man Gott folgt? Vielleicht nennen wir das nicht »Ängste«, vielleicht sprechen wir von einer Zeit der inneren Auseinandersetzung oder der Unsicherheit. Dennoch: Wir müssen immer wieder aufbrechen aus Verkrustungen, aus Routine, aus dem, was gestern noch trug und heute nur noch richtig ist. Wir können nicht leben von den Erfahrungen, die wir in der Vergangenheit mit Gott gemacht haben. Wir können nur Neues mit Gott erfahren, wenn wir mit ihm neue Wege gehen, uns auf neue Risiken einlassen.

Niemand hat das Recht, »progressive« Forderungen an andere zu stellen. Keiner hat das Recht, dem anderen zu sagen: »Du bist konservativ in deinem Glauben, du bist nicht mutig genug.« Wir müssen es von Gott hören! Er muss uns sagen: »Tu dieses oder jenes!« Oder: »Du hast lange genug in deiner Gemeinde geistlich konsumiert. Jetzt biete deine Mitarbeit an!« Er muss sagen: »Deutschland ist groß und wichtig; aber die Welt ist größer und wichtiger. Geh in die Mission!« Von ihm muss der Auftrag an eine Gemeindegruppe kommen, in eine andere Stadt umzuziehen, um dort eine weitere lebendige Gemeinde zu gründen. Kleben wir an unserem Beruf, kleben wir an der relativen Sicherheit, die wir zur Zeit haben? Gehen wir für Gott ein Risiko ein? Wir brauchen diese Mentalität, diese Bereitschaft zum Aufbruch.

Aber es gibt auch das Umgekehrte. Es kann sein, dass Gott jemandem, der in einer Gemeinde über Jahre sehr aktiv war, jetzt sagt: »Ich gebe dir frei. Du brauchst ein Jahr lang keinen Dienst auszuüben.«

Auch das kann ein Ausziehen sein, das Gott will. Das Motto heißt nicht: »Je mehr einer arbeitet, umso mehr liebt ihn Gott, und je weiter einer weggeht und sich senden lässt, umso christlicher ist er.« Es geht darum, was Gott sagt. Und es geht darum, ob wir offen sind, dies zu hören, oder ob wir uns durch unsere Ängste vor dem Neuen so blockieren, dass wir gar nicht mehr hören können.

Ich selber habe vor einigen Jahren einen Schritt getan, der nicht so ganz selbstverständlich ist: Ich habe die Einbindung in eine große Kirche, wo sich sehr viel Gutes entwickelt hatte, beendet, weil ich das Empfinden hatte, Gott wolle das. Ich bin herausgegangen und habe mit anderen Christen einen eigenen Weg begonnen. Die folgenden Jahre waren recht schwierig. Aber ich hatte keine Minute das Gefühl: Dieser Schritt war falsch. Für mich war das eine Frage des Gehorsams. Ich würde es nur fatal finden zu sagen: »Herr, das reicht für den Rest meines Lebens. Weitere neue Schritte sind nun nicht mehr nötig. Jetzt darf es bürgerlich-konservativ weitergehen.« Das kann nicht sein. Wir müssen in Bewegung bleiben – nicht in irgendeiner Bewegung, sondern in Gottes Bewegung. Wir müssen uns beunruhigen lassen. Wo immer man biblisch vom Heiligen Geist redet, spricht man von möglicher Unruhe. Denn der Heilige Geist hat vielerlei Eigenschaften, nur eine nicht: Er schreibt den Status quo nicht heilig.

Noch ein interessanter Gesichtspunkt findet sich in diesem Text. Gott sagt nicht zu Abraham: »Ich nenne dir das Land, in das du ziehen sollst, und gebe dir eine Landkarte, damit du dich auch nicht verlaufen kannst.« Vielmehr heißt es: »Zieh aus . . . und geh in das Land, das ich dir zeigen werde«. Das bedeutet Abhängigkeit. Gemeint ist: Es gibt ein »Land«, das Gott für dich vorgesehen hat, das er dir aber nicht schon am Anfang bekannt gibt. Er will dich führen, er wird auf dich aufpassen, aber du sollst auf ihn weiter hören. An dieser Stelle gibt es kein System, durch das wir uns vor Gott in Sicherheit bringen können. Es gibt nur die Abhängigkeit von dem Herrn. Präpariere diese Seite des Glaubens heraus – diese Seite des Ungewissen, des Abenteuers, des Risikos – und du machst aus ihm eine grundlangweilige Sache. Dann wird alles überschaubar, planbar, machbar, verfügbar.

Glauben heißt: ausziehen, nicht irgendwohin, sondern dahin, wohin Gott will. Nicht irgendwann, sondern zu dem Zeitpunkt, den Gott vorgibt. Und immer so, dass Sie Ihren Weg haben und ich meinen. Es gibt nicht nur *ein* Muster! Es mag sein, dass Gott Sie mit einer ganz großen Sache betraut, die auch Anerkennung findet bei vielen Menschen, oder mit einer sogenannten kleinen, die nicht so beachtet wird. Nur eins geht nicht: auf der Stelle zu treten und zu sagen: »Ich will nicht mehr, dass Gott sagt: ›Zieh aus!‹ Ich habe meine Erfahrungen, ich habe meinen abgesteckten Bereich. Hier ist gut sein.«

Könnte dies Ihr Gebet werden: »Herr, nimm mir alle Enge. Nimm mir alle falsche Bodenständigkeit. Nimm mir eine Mentalität, die sagt: Sicher ist sicher; was ich habe, das habe ich; wo ich bin, da bin ich!«? Könnten Sie sagen: »Herr, ich will aufbrechen, wenn du sagst: ›Brich auf!‹ Ich will mich verändern, wenn du sagst: ›Verändere dich!‹ Und wenn du mich zu Neuem herausforderst, dann will ich das an mich heranlassen.«?

Kapitel 2

Der Patriarch lügt oder: Das Absehen vom Glauben

10 Es kam aber eine Hungersnot in das Land. Da zog Abram hinab nach Ägypten, dass er sich dort als ein Fremdling aufhielte; denn der Hunger war groß im Lande.
11 Und als er nahe an Ägypten war, sprach er zu Sarai, seiner Frau: Siehe, ich weiß, dass du ein schönes Weib bist.
12 Wenn dich nun die Ägypter sehen, so werden sie sagen: Das ist seine Frau, und werden mich umbringen und dich leben lassen.
13 So sage doch, du seist meine Schwester, auf dass mir's wohlgehe um deinetwillen und ich am Leben bleibe um deinetwillen.
14 Als nun Abram nach Ägypten kam, sahen die Ägypter, dass seine Frau sehr schön war.
15 Und die Großen des Pharao sahen sie und priesen sie vor ihm. Da wurde sie in das Haus des Pharao gebracht.
16 Und er tat Abram Gutes um ihretwillen; und er bekam Schafe, Rinder, Esel, Knechte und Mägde, Eselinnen und Kamele.
17 Aber der HERR plagte den Pharao und sein Haus mit großen Plagen um Sarais, Abrams Frau, willen.
18 Da rief der Pharao Abram zu sich und sprach zu ihm: Warum hast du mir das angetan? Warum sagtest du mir nicht, dass sie deine Frau ist?
19 Warum sprachst du denn: Sie ist meine Schwester –, so dass ich sie mir zur Frau nahm? Und nun siehe, da hast du deine Frau; nimm sie und zieh hin.
20 Und der Pharao bestellte Leute um seinetwillen, dass sie ihn geleiteten und seine Frau und alles, was er hatte.
1 So zog Abram herauf aus Ägypten mit seiner Frau und mit allem, was er hatte, und Lot auch mit ihm, ins Südland.

(1. Mose 12,10-13,1)

Sogar der heidnische ägyptische König merkt das Falsche an dem Verhalten Abrahams. Abraham sagt die Unwahrheit, und auf dem Boden der Bibel steht es Gläubigen nicht frei zu lügen. Das hat abschließend Jesus deutlich gemacht: »Euer Ja sei ein Ja, euer Nein ein Nein; alles andere stammt vom Bösen« (Matthäus 5,37). Jesus verlangt unbedingte Aufrichtigkeit, unsere üblichen »Jeins« entsprechen diesem Standard nicht. Keine Lügen und – natürlich – auch keine Notlügen! Übrigens: Wer lügt schon, wenn er sich, seiner eigenen Einschätzung nach, nicht in einer Notlage befindet? Jede Lüge ist, subjektiv betrachtet, eine Notlüge. (Sagt einer fälschlicherweise die Unwahrheit, ohne sich dessen bewusst zu sein, so sprechen wir von einem Irrtum; macht er sich einen Spaß mit anderen, indem er ihnen eine erfundene Geschichte erzählt und, nachdem er ihre Reaktion genossen hat, die Sache aufklärt, so nennen wir dies einen Schabernack.)

Abraham, der Vater des Glaubens, lügt. Und: Abraham opfert seine Frau. Es entschuldigt ihn nur ganz wenig, dass sie dieses Spiel mitmacht, dass sie auf seinen Wunsch eingeht und sich als seine Schwester ausgibt. (Natürlich dürfen wir unsere Sicht von weiblicher Gleichberechtigung nicht in jene Gesellschaft zurückprojizieren.) Das rechtfertigt Abraham aber nicht. Die Bibel spricht davon, dass wir Opfer bringen, aber nicht andere opfern sollen. Wenn es auf dem Boden der Bibel um ein Opfer geht, ist es das Opfer des eigenen Lebens. Das wird abschließend und unübersehbar an Jesus klar. Aber dafür gibt es vorher und nachher ebenfalls Beispiele. Diese Art, mit seiner Frau umzugehen, diese Haltung: »Es soll mir gut gehen um deinetwillen«, ist nicht zu entschuldigen.

Es lohnt, nach den Gründen zu fragen. Warum handelte der Mann aus Ur in Chaldäa so? Was war die Sünde hinter seiner Sünde, was die Fehlhaltung hinter seiner Fehlhaltung? Die Antwort, zu der ich komme, lautet: Unglaube.

Abraham hatte von Gott eine Zusage bekommen, die gewaltiger und größer nicht mehr hätte sein können. Sie lautete: »Und ich will dich zum großen Volk machen und will dich segnen und dir einen großen Namen machen, und du sollst ein Segen sein. Ich will segnen, die dich segnen, und verfluchen, die dich verfluchen; und in dir sollen gesegnet werden alle Geschlechter auf Erden« (1. Mose 12,2-3).

Dieses Wort schloss natürlich Gottes Versprechen ein, Abraham am Leben zu lassen, bis aus der derzeit kinderlosen Ehe Kinder hervorgegangen sein würden. Wenn Gott Gott ist, wenn er sagt, was er meint, und meint, was er sagt, dann soll Abraham Folgendes mithören: »Ich werde meine Hände über dich halten. Ich werde dich schützen. Ich werde dich bewahren. Ich werde dich so lange versorgen, bis meine Zusage sich angefangen hat zu erfüllen. Vorher kannst du nicht sterben.« Ein toter Abraham, ein von den Ägyptern umgebrachter Abraham kann kein Segensträger sein.

Abraham war von der empfangenen Zusage begeistert gewesen, so begeistert, dass er Brücken hinter sich abbrach. Er war von dieser Zusage aber nicht so durchdrungen, dass er die nächstliegenden Konsequenzen aus ihr gezogen hätte. Da gab es also auf der einen Seite das große, fast nicht zu begreifende Versprechen Gottes und auf der anderen Seite Abrahams allzu verständliche kreatürliche Ängste. Er musste nach Ägypten reisen; das wird in der Heiligen Schrift nicht kritisiert. Ägypten war die Kornkammer des Orients. Das Land war nicht so abhängig von Niederschlägen, weil der Nil es mit Feuchtigkeit versorgte. Deshalb zogen damals viele Menschen dorthin, um Nahrung zu erhalten. Es war auch nicht Abrahams Fehler, dass Gott ihm eine wunderschöne Frau geschenkt hatte. Es war nicht sein Fehler, dass er sich Gedanken darüber machte, ob ihm vielleicht andere diese Frau wegnehmen könnten. Oder dass er sich bewusst machte: Ägypter würden, um an die Ehefrau heranzukommen, möglicherweise nicht davor zurückschrecken, den Ehemann zu töten. Das alles lag noch im Bereich sinnvollen Abwägens.

Aber dann hätte es Glaubensmut gebraucht. Abraham hätte sich sagen können, sagen sollen und müssen: Der Gott, der mich berufen hat, der mir eine so wundervolle Zusage gemacht und mir versprochen hat: »Du sollst ein Segen sein, und aus dir soll ein riesiges Volk werden«, dieser Gott steht zu seinem Wort. Als toten Mann kann er mich nicht gebrauchen. Also wird er seine Hände über mich halten. Ich brauche mir keine Sorgen zu machen um mein Leben, nicht weil ich so tüchtig, so unerschrocken, so tapfer bin, ein Mann, der sich nichts anmerken lässt und der immer oben ist. Nein, sondern weil die große Verheißung Gottes hier zu einer kleinen Konsequenz auf meiner Seite führen muss, dazu, dass ich Gott glaube, dass er, der verlässlich ist, mich durch diese Not hindurchführt. Ich werde Ägypten *mit* meiner Frau verlassen, und wir beide werden am Leben sein, denn wir sind Segensträger. »Oh, Gott, ich glaube dir das.« Das wäre die notwendige Konsequenz gewesen. Hier wäre Glaube praktisch geworden.

Was Abraham stattdessen tat, beweist, dass er in dieser Phase Gottes Zusage nicht auf seinen Alltag bezog. Folgendes dürfte er sich gesagt haben: »Man muss schließlich vorsichtig sein. Ein bisschen Realismus kann einem keiner verübeln. Es ist ja nur eine Notlüge. Gott wird das schon verstehen. Wer kümmert sich schließlich um einen armen Ausländer in Ägypten? Es ist ja alles ein bisschen theoretisch mit dem Glauben. Da muss man sich selber helfen.« So läuft das doch in der Regel ab. Abrahams Sünde war nicht moralischer Natur, sie bestand im Misstrauen gegenüber einem liebenden Gott. Seine Sünde bestand darin, die Glaubwürdigkeit des Gottes zu bezweifeln, dem zu glauben er eingeladen war.

Abraham ist bei weitem nicht der Einzige, der Fehler dieser Art macht. Wir denken meistens so, wenn wir sündigen. Warum sagen Menschen: »Mit meiner Ehrlichkeit gegenüber dem Finanzamt nehme ich es nicht so genau«? Sie sagen es vielleicht, weil es die meisten so machen oder weil sie generell ein unempfindliches Gewissen haben. Aber im Tiefsten steht doch dahinter – zum mindesten, wenn Christen so vorgehen – eine falsche Haltung: »Gott wird mir auch nicht helfen. Bei uns ist der Ehrliche immer der Dumme.« Viele, wenn nicht alle unsere Lügen entspringen dieser Grundeinstellung. Wenn ich die Wahrheit sage, wie stehe ich dann da? Wer hilft mir dann? Ich werde doch nur das Nachsehen haben. In schwierigen Situationen die Wahrheit zu sagen, bedeutet: Ich vertraue dir, Gott, dass du mich trotzdem versorgst und mir hilfst und dass ich aufgrund meiner Ehrlichkeit nicht dauerhaft den Kürzeren ziehe, auch wenn sie zu kurzfristigen Nachteilen führen mag. Mein Gott, ich glaube dir, dass ich nicht überfordert bin, hier jetzt die Wahrheit zu sagen, denn du vertrittst meine Sache.

Warum *sorgen* sich Menschen? Als Christen wissen wir, dass wir uns nicht sorgen sollen, aber wir halten die Sorge in der Regel für eine lässliche Sünde, für eine, die leider einfach zum Leben gehört. In Wahrheit handelt es sich um eine der gravierendsten Sünden, die Christen begehen können. Wenn Jesus uns aufruft: »Sorgt nicht!«, und wir kommen diesem Gebot nicht nach, dann verweigern wir den Gehorsam. Worin genau besteht die Sünde? Jesus bezeugt uns: Euer himmlischer Vater weiß, dass ihr all dessen (gemeint ist: der lebenswichtigen Dinge) bedürft (Matthäus 6,32). Im 1. Petrusbrief steht: »Alle eure Sorge werft auf ihn; denn er sorgt für euch« (5,7). Immer dann, wenn Sie sich sorgen, sagen Sie: »Ich muss mich schließlich um diese Sache kümmern. Wer tut es denn sonst?« Und wenn Sie sich um Ihre Kinder sorgen – das ist eine Lieblingsbeschäftigung vieler Mütter und mancher Väter –, dann sagen Sie damit: »Meine Verantwortung zwingt mich doch zur Sorge.« Sie wissen wahrscheinlich, dass das unsinnig ist. Sie können sie durch Ihre Sorgen vor keinem Verkehrsunfall und vor keiner sexuellen Belästigung bewahren. Ihre Sorgen verkürzen lediglich Ihr eigenes Leben. Trotzdem sorgen Sie sich.

Wenn wir als Menschen, die Gott kennen, als Christen, die die vielen göttlichen Zusagen zum mindesten zur Kenntnis genommen haben, sündigen, erklären wir damit: »Herr, ich vertraue dir nicht, ich glaube dir nicht.« Misstrauen ist die Wurzel solcher Sünden. Ich möchte es einmal etwas zugespitzt sagen: Die schlimmste Sünde, die Christen begehen können, ist die Sünde des Unglaubens. Natürlich sündigen wir auch gegen Gottes Gebote. Ich bin nicht bereit, die kleinste Sünde gegen das kleinste Gebot zu entschuldigen. Ich möchte sie bei mir nicht entschuldigen, aber auch nicht bei anderen. Dennoch: Diese moralischen Verfehlungen, dieses Missachten und Übertreten von Geboten erfolgt aus einer falschen Grundhaltung heraus, nämlich der: Wir glauben Gott nicht, dass der Gehorsam immer der bessere Weg ist, dass es sich lohnt zu tun, was er will.

Ein anderes Beispiel: »Betet allezeit«, sagt Gottes Wort (Lukas 18,1; Römer 12,12; Epheser 6,18). »Oh, Herr, ich kann doch nicht die ganze Zeit beten!« Ist Sein Wort unzumutbar, nicht realisierbar? Meinen Sie, Gott würde sagen: »Betet allezeit« und wüsste nicht, dass junge Mütter wegen ihrer kleinen Kinder kaum ruhige Stunden kennen? Meinen Sie, er hätte jene vergessen, die als Christen am Computer arbeiten oder vor einer Schulklasse stehen, die äußerste Aufmerksamkeit verlangt? Das Gebot »Betet allezeit« meint etwas, das auch dann noch praktikabel ist, wenn unsere Konzentration sich auf irdische Dinge richten muss, nämlich eine Herzenshaltung der Zuwendung zu Gott, der Gemeinschaft mit ihm.

So sind wir hier und da ungehorsam, weniger, weil unsere christliche Moral schwach wäre, vielmehr weil wir nicht glauben, dass Gott es auch dann gut mit uns meint, wenn er unbequeme Forderungen an uns richtet.

Die gute Botschaft in dieser etwas hässlichen Geschichte lautet: Gott geht mit Abraham weiter. Er sagt nicht: »Ich bin zu enttäuscht von dir, um meine Verheißung noch aufrecht zu halten. Du hast den ersten wirklichen Glaubenstest nicht bestanden. Ich weiß, du hast den Mut aufgebracht, aus Haran auszuziehen. Das achte ich, nur hat es dich nicht dein Leben gekostet. Aber hier, wo es gefährlich wurde, hast du versagt. Ich werde mir einen anderen suchen. Ich werde dich nicht mehr zu einem großen Volk machen. Ich will dich fernerhin nicht segnen, ich will deinen Namen nicht groß machen. Du sollst kein Segen mehr sein. Ich will nicht mehr segnen, die dich segnen. Wer dich verflucht, den werde ich nicht mehr verfluchen. Durch dich sollen nicht mehr alle Geschlechter der Erde gesegnet werden.« Ist es nicht faszinierend: Nachdem die dunklen Dinge ans Licht gekommen sind – dabei hat der heidnische Pharao eine Mittlerrolle gespielt –, nachdem Abraham beschämt dagestanden hatte und abgeschoben worden war, ging Gott mit ihm weiter. Seine Zusage steht wie ein Regenbogen des Bundes über diesem Leben. Gewiss wäre es zynisch zu behaupten: Gott hat das Versagen einkalkuliert. So leicht geht es nicht. Aber: Gottes Glaubwürdigkeit ist größer als Abrahams Glaubensbereitschaft. Gottes Treue ist größer als Abrahams Untreue. »Sind wir untreu, so bleibt er doch treu; denn er kann sich selbst nicht verleugnen.« (2. Timotheus 2,13)

Davon leben wir alle. Wir haben versagt, wir sind schuldig geworden, wir haben die Treue nicht immer bewahrt. Gott erklärt auch uns gegenüber: »Ich gehe mit dir weiter, meine Verheißung steht noch immer über deinem Leben. Wenn du sie hier und dort vergisst, wenn du ihr hier und dort entgegen handelst – meine Verheißung steht über deinem Leben.« Als Christ bist du von Ewigkeit her berufen, in Gemeinschaft mit Jesus zu sein. Gott hat eine Geschichte mit Ihnen, wie er sie mit niemandem auf der ganzen Welt hat. Sie sind ein originaler Gedanke Gottes. Für Sie ist Jesus gestorben, als wären Sie der einzige erlösungsbedürftige Mensch im Universum. Und er hat Ihnen seine Verheißung gegeben.

Eine gewisse Parallele zu der Erzählung von Abrahams Besuch in Ägypten finde ich im Neuen Testament. Wir erfahren dort von dem Versagen eines Mannes, den man später ebenfalls als Vater des Glaubens betrachtete: des Petrus. Auch er wollte in der Nacht der Gefangennahme Jesu sein Leben durch eine Lüge retten. Die Bibel beschönigt sein Verhalten keineswegs. Petrus selber weinte bitterlich, als ihm seine Sünde klar wurde. Aber Jesus nahm ihn nicht nur nach Ostern neu an (vgl. Johannes 21,15-19). Er hatte ihn bereits *vor* seinem Fall zum Felsen der Kirche erklärt (Matthäus 16,18). Der Bogen dieser Verheißung stand seitdem über dem Leben des ehemaligen Fischers. Jesus Christus blieb seinem Wort treu.

Gott lässt sich nicht von seinen Plänen abbringen, wenn wir versagen. Er will es nicht. Das ist ein Wunder und nicht irgendein Automatismus nach dem Motto: »Er weiß sowieso, dass wir es nicht können.« Nein, er weiß, dass wir es können. Wir sind nicht überfordert, ein Leben des Gehorsams zu führen. Aber er geht mit uns weiter, auch wenn wir es nicht geführt haben. Er hat seine Pläne im Auge. Er hat Sie im Blick, wie Sie einmal sein werden. Und er arbeitet beharrlich daran, Sie zu einem Menschen des Glaubens zu machen.

Kapitel 3

Eine brüderliche Trennung oder: Die Gelassenheit des Glaubens

1 So zog Abram herauf aus Ägypten mit seiner Frau und mit allem, was er hatte, und Lot auch mit ihm, ins Südland.
2 Abram aber war sehr reich an Vieh, Silber und Gold.
3 Und er zog immer weiter vom Südland bis nach Bethel, an die Stätte, wo zuerst sein Zelt war, zwischen Bethel und Ai,
4 eben an den Ort, wo er früher den Altar errichtet hatte. Dort rief er den Namen des HERRN an.
5 Lot aber, der mit Abram zog, hatte auch Schafe und Rinder und Zelte.
6 Und das Land konnte es nicht ertragen, dass sie beieinander wohnten; denn ihre Habe war groß, und sie konnten nicht beieinander wohnen.
7 Und es war immer Zank zwischen den Hirten von Abrams Vieh und den Hirten von Lots Vieh. Es wohnten auch zu der Zeit die Kanaaniter und Perisiter im Lande.
8 Da sprach Abram zu Lot: Lass doch nicht Zank sein zwischen mir und dir und zwischen meinen und deinen Hirten; denn wir sind Brüder.
9 Steht dir nicht alles Land offen? Trenne dich doch von mir! Willst du zur Linken, so will ich zur Rechten, oder willst du zur Rechten, so will ich zur Linken.
10 Da hob Lot seine Augen auf und besah die ganze Gegend am Jordan. Denn ehe der HERR Sodom und Gomorra vernichtete, war sie wasserreich, bis man nach Zoar kommt, wie der Garten des HERRN, gleichwie Ägyptenland.
11 Da erwählte sich Lot die ganze Gegend am Jordan und zog nach Osten. Also trennte sich ein Bruder von dem andern,

12 so dass Abram wohnte im Lande Kanaan und Lot in den Städten am unteren Jordan. Und Lot zog mit seinen Zelten bis nach Sodom.
13 Aber die Leute zu Sodom waren böse und sündigten sehr wider den HERRN.
14 Als nun Lot sich von Abram getrennt hatte, sprach der HERR zu Abram: Hebe deine Augen auf und sieh von der Stätte aus, wo du wohnst, nach Norden, nach Süden, nach Osten und nach Westen.
15 Denn all das Land, das Du siehst, will ich dir und deinen Nachkommen geben für alle Zeit
16 und will deine Nachkommen machen wie den Staub auf Erden. Kann ein Mensch den Staub auf Erden zählen, der wird auch deine Nachkommen zählen.
17 Darum mach dich auf und durchzieh das Land in die Länge und Breite, denn dir will ich's geben.
18 Und Abram zog weiter mit seinem Zelt und kam und wohnte im Hain Mamre, der bei Hebron ist, und baute dort dem HERRN einen Altar.

(1. Mose 13,1-18)

Der Vater des Glaubens wurde Abraham allerdings nicht plötzlich, sondern er wuchs in diese Statur hinein. So haben es alle Abrahamgeschichten direkt oder indirekt mit dem Thema »Glaube« zu tun. Man kann leicht nachweisen, dass das *Wort* »Glaube« in unserer Geschichte nicht vorkommt. Auf den ersten und zweiten Blick geht es hier um Streit und darum, wie dieser Streit gelöst wurde. Das wie allerdings war entscheidend! Hier zeigte sich, dass Abraham ein Glaubender war.

Manche Leute scheinen Konflikte zu lieben. Sie »lassen«, wie wir sagen, »keinen Streit aus«. Und wenn andere ihn nicht schaffen, dann schaffen sie ihn selbst. Es gibt umgekehrt eine Menge Menschen, für die Streit, Konflikt, Auseinandersetzung Horrorbegriffe sind. Ihr ganzes Wesen sträubt sich, sie geraten in eine innere Panik, wenn so etwas droht. Sie versuchen auf dem kürzesten und schnellsten Wege die Bedrohung loszuwerden – weniger so, dass sie die Sache in Angriff nehmen, eher so, dass sie innerlich weglaufen oder beschwichtigen oder zudecken. Sie vergessen dabei, dass ein Leben ohne Konflikte nicht möglich ist. Diese Menschengruppe möchte ich einmal »Harmonisten« nennen.

Es ist ja nicht so, dass alle Konflikte entstehen, weil irgendjemand bösen Willens ist, vor Egoismus strotzt oder grollt. Konflikte treten auch auf, weil Menschen nun einmal verschieden sind, weil Interessen aufeinander stoßen oder einfach, weil man unterschiedliche Sichtweisen hat. Kinder in einer Familie erleben immer Konflikte untereinander. Und sie lösen sie manchmal mit geeigneten Mitteln, manchmal mit weniger geeigneten. Zwischen Eltern und Kindern gibt es Konflikte, am deutlichsten und ausgeprägtesten in der Pubertätszeit, aber doch auch schon vorher. Ehen ohne Konflikte sind nicht vorstellbar, es sei denn, man hat einen so großen Abstand voneinander gewählt, dass man sich fast nichts mehr antun kann. Zusammen leben, zusammen arbeiten bringt Konflikte. Kein Arbeitsplatz ist frei von Konflikten, wie jeder weiß. Und Gemeinden – das spricht sich allmählich herum – sind auch kaum ohne Konflikte denkbar: im Neuen Testament nicht, und auch heute nicht.

Wir sollten diese Tatsache zunächst einmal akzeptieren, wie man eben Fakten akzeptiert. Konflikte gehören zum Leben. Die Frage ist, wie man mit ihnen umgeht. Man kann sie unter den Teppich kehren, bestreiten, man kann vor ihnen weglaufen. Nur: Konflikte haben die unangenehme Angewohnheit, dass sie deswegen nicht aufhören, weiter zu kochen.

Hier in dieser Geschichte entstand ein Konflikt, der ebenfalls nicht der Bosheit irgendwelcher Personen entsprang. Abraham und Lot waren Kleinvieh-Nomaden. Diese Kleinvieh-Nomaden wechselten zwischen der Steppe und dem Kulturland. Sie waren angewiesen auf die Duldung und Zustimmung der ortsansässigen Landesbewohner. Sie zogen also mit ihren Herden herein und ließen diese etwa die schon abgeernteten Felder weiter abweiden. Das bedeutete, dass die Herden natürlich nicht aus der Fülle leben konnten, und dies wiederum hatte zur Folge, dass man große Flächen brauchte, damit sich die Tiere ernähren konnten. Dazu kam, dass die Trinkplätze oft weit auseinander lagen. Darum konnten sich solche Herden oft über größere Strecken verteilen. Es lag in der Sache, dass der Weideraum zwischen den vielen Tieren, die Abraham und Lot ihr eigen nannten, oft eng wurde. Und die, die am meisten mit diesem Problem zu tun bekamen, waren natürlich die Hirten. Die Hirten kamen zu den Besitzern der Herden und schimpften. Die einen beklagten sich bei Abraham, die anderen bei Lot. Das alles ist nicht schwer zu begreifen.

Hier nun zeigte sich, dass Abraham, anders als Lot, ein Mann des Glaubens war. Abraham begann nämlich, unter dem Konflikt zu leiden. Er sagte nicht: »So ist das eben im Leben. Wenn die schimpfen, macht es ebenso. Lasst euch nichts gefallen. Haut drauf.« Sondern Abraham dachte sich: »Streit kann passieren, aber er muss bearbeitet werden. Wir wollen uns nicht auseinander leben.« Menschen des Glaubens leben ja aus der Welt des Himmels, aber sie praktizieren ihren Glauben auf der Erde. Sie leben aus dem Übernatürlichen, aber sie gestalten das Natürliche. Sie orientieren sich an Gott, aber sie setzen das im Umgang mit den Menschen um. »Glaube«, sagt später Jakobus, »der nicht zu Taten führt, ist tot« (2,26). Und die erste Tat des Glaubens, die hier berichtet wird, besteht darin, dass Abraham feinfühlig, sensibel auf den Streit reagierte und sagte: »Das soll nicht sein.« Ehe er das Lot gegenüber äußerte, sagte er es zu sich selbst.

Das Zweite: Abraham ergriff die Initiative und stieg von der Position der Überlegenheit, auf der er als der Ältere, Gereiftere, Erfahrenere, der Diener Gottes hätte stehen können, herunter und machte Lot ein Angebot – ein sehr gefährliches sogar. Man kann ihm deswegen vorwerfen, er sei blauäugig gewesen, er habe diesen Neffen falsch eingeschätzt und sich nicht klargemacht, dass er bald den Kürzeren ziehen werde. Abraham sagte: »Eine Trennung wird jetzt unumgänglich, aber das Wie ist wichtig. Wir wollen in Frieden auseinander gehen und so, dass du nicht zu kurz kommst.« Abraham bot Lot an, sich den Teil des Landes auszusuchen, der ihm gefiel. Damit gab er sich in die Hände Lots. Er machte sich verwundbar. Es wäre ja sehr nahe liegend gewesen zu sagen: »Mein lieber Lot, wir müssen das Problem lösen. Du wirst allerdings verstehen: Ich als der Ältere, ich als der, der nicht mehr vital genug ist, um mir gute neue Weideflächen zu erkämpfen, ich suche mir jetzt das beste Stück aus. Natürlich vergesse ich dabei deine Bedürfnisse nicht.« Er hätte auch vorschlagen können: »Hier gibt es gute und weniger gute, fruchtbare und karge Gegenden. Lasst uns das Ganze so aufteilen, dass jeder von uns gleich gut abschneidet.« Doch so ging Abraham nicht vor. Er gab sich in Lots Hände. Das war Glaube.

Lot war kein Mensch des Glaubens. Lot war ein Mitläufer. Wie Abraham hatte auch er Haran verlassen, aber er hatte sich nur angeschlossen. Äußerlich wirkte er wie jemand, der im Glauben aufgebrochen war; die innere Wirklichkeit sah aber anders aus. Das kommt an dieser Stelle zutage: »Da hob Lot seine Augen auf und besah die ganze Gegend am Jordan. Denn ehe der Herr Sodom und Gomorra vernichtete, war sie wasserreich, bis man nach Zoar kommt, wie der Garten des Herrn, gleichwie Ägyptenland« (Vers 10). Mit anderen Worten: Lot sah sich das Ganze an. Und er dachte: »Ha, ich weiß schon, was ich will.« Der Neffe entschied sich für die Talgegend, das bewässerte Land. Es wird hier beschrieben als ein Land, das wie der Garten Eden war, wie das wasserreiche Ägypten. Mit einem Blick hatte Lot seinen Vorteil erkannt, und er nahm ihn wahr.

Abraham stand als der Dumme da, als der Übervorteilte und Ausgenutzte, als der, der sich mit dem Rest zufrieden geben musste. Es störte Lot nicht, dass er ein Gebiet gewählt hatte, auf dem Sodom lag. Es beunruhigte ihn nicht, dass in diesem Bereich Menschen lebten, die so gottlos waren, dass Gott sie später vernichten musste. Lot hatte zwar einmal die Sicherheit der Heimat losgelassen, aber er wusste, wie man seine Interessen wahrnimmt: »Ich muss mich um meine Bedürfnisse selber kümmern. Hier ist meine Chance gekommen, und ich ergreife sie.«

Damals kommentierte Abraham Lots Entscheidung nicht. Es heißt nur: »Also trennte sich ein Bruder von dem andern.« Dann aber passierte etwas, was deutlich machte: Gott stand auf der Seite Abrahams. Als der Unterlegene mit Gott allein war, da sprach der Herr zu Abraham: »Hebe deine Augen auf und sieh von der Stätte aus, wo du wohnst, nach Norden, nach Süden, nach Osten und nach Westen. Denn all das Land, das Du siehst, will ich dir und deinen Nachkommen geben für alle Zeit und will deine Nachkommen machen wie den Staub auf Erden. Kann ein Mensch den Staub auf Erden zählen, der wird auch deine Nachkommen zählen. Darum mach dich auf und durchzieh das Land in die Länge und Breite, denn dir will ich's geben.« (Verse 14-17)

Gottes Formulierung »all das Land, das du siehst« schloss – wie selbstverständlich – jene Gegend ein, die Lot sich eben genommen hatte. Es ist, wie wenn das, was gerade passiert war, mit einer Handbewegung weggewischt würde. Zunächst besitzt Lot das Land. Er hat seine Chance genützt im Unglauben, indem er für sich selbst kämpfte und sein Interesse wahrnahm. Aber Gott sagt: »Das ist eine Episode, das ist ein Zwischenfall, das gilt nur kurzzeitig. Du wirst das Land bekommen, dir gehört es. Mach dir keine Sorgen. Ich kümmere mich um dich. Ich hab dir mein Wort gegeben, und ich stehe zu meinem Wort. Du hast von dem Land, das ich dir geschenkt hatte (Kap. 12,7 steht, dass Gott Abrahams Nachkommen das Land gegeben hatte) abgegeben. Mach dir keine Sorgen, du kriegst alles zurück, was du gegeben hast.« So ist Gott.

Hier wird also deutlich: Abrahams »großherzige« Entscheidung war eine Sache des Glaubens, nicht des Edelmutes gewesen. Abraham war weder dumm noch hochmoralisch, er glaubte einfach Gott, dass der zu seinem Wort steht. In Ägypten hatte er es nicht geglaubt, dort hatte er seine Frau preisgegeben. Da war er ängstlich gewesen. Hier glaubte er dem Herrn.

Der Edelmut mag sagen: »Für dich, Lot (oder: meinen Freund, meinen Nächsten, meinen Bruder im Herrn) ziehe ich mein letztes Hemd aus.« Eine solche Haltung bewundern wir. Abrahams »Verdienst« war: Er glaubte Gott, dass er das meint, was er sagt, und sagt, was er meint; dass Gott treu ist und sein Wort hält. Das ist wahrhaft Glaube. Und deswegen konnte Abraham abgeben. Er konnte sagen: »Ich kämpfe nicht für mein Interesse, denn Gott kämpft für mein Interesse. Ich halte nicht fest, ich lasse los, denn Gott gibt mir zurück. Ich bekomme das, was ich brauche.«

Hier geht es um ein wichtiges geistliches Prinzip, das sich natürlich nicht auf Abraham beschränkt. Wäre es so, würde sich diese ganze Betrachtung für uns nicht lohnen. Dann könnten wir sagen: Hier ist etwas Einmaliges passiert; wir freuen uns darüber – und gehen weiter. Aber dieses Prinzip ist gültig für alle, die glauben.

Ich sage nicht, Christen dürften nie für ihr Interesse kämpfen. Manchen Christen muss man helfen, dass sie genau dies lernen: und zwar in einer guten, konstruktiven Weise. Ich sage nicht, Christen dürften nie vor Gericht gehen – in manchen Fällen müssen sie es, etwa, wenn sie die Belange von Menschen vertreten, die ihnen anvertraut sind. Es geht also nicht um eine starre Regel. Es geht nicht darum, in jedem Falle nachzugeben; das wäre tatsächlich ein Zeichen von Schwäche. Es geht darum, ob wir nachgeben können. Es geht nicht immer darum, dem anderen den Vortritt zu lassen. Es kann auch sein, dass wir selber eine Entscheidung treffen, und der andere zieht nach. Es geht um die Freiheit, dem anderen den Vortritt zu lassen. Wenn man an dieser Stelle verallgemeinert, dann kommt ein passives Christsein heraus, bei dem Gläubige zum Fußabtreter für andere werden. Das ist nicht gemeint. Jesus wehrte sich, als er vor dem Hohen Rat geschlagen wurde. Er erwiderte: »Habe ich übel geredet, so beweise, dass es böse ist; habe ich aber recht geredet, was schlägst du mich?« (Johannes 18,23) Paulus war in Philippi, wo man ihn zu Unrecht ausgepeitscht und ins Gefängnis geworfen hatte, sehr daran interessiert, dass Wiedergutmachung geschah: »Paulus aber sprach zu ihnen: Sie haben uns ohne Recht und Urteil öffentlich geschlagen, die wir doch römische Bürger sind, und in das Gefängnis geworfen, und sollten uns nun heimlich fortschicken? Nein! Sie sollen selbst kommen und uns hinausführen!« (Apostelgeschichte

16,37). Aber ein Christ kann in bestimmten Situationen auf sein Recht verzichten, wenn er Glauben besitzt. Er kann sagen: »Ich kämpfe nicht darum. Nimm es.« Er muss nicht laut und fromm sagen: »Der Herr wird mich versorgen«, aber er hat die Freiheit, so zu denken. Er kann loslassen. Er kann in einem Streit nachgeben; nicht aus Schwäche, sondern aus Stärke, weil er glaubt, dass Gott ihm hilft. Viele Konflikte lassen sich lösen, indem Christen auf ihr Recht verzichten in dem Vertrauen: Gott steht mir bei.

Dieses Prinzip des Loslassens, weil Gott uns versorgt, lässt sich nicht nur auf den zwischenmenschlichen Bereich anwenden. Diejenigen, die sich entschlossen haben, zehn Prozent ihres Einkommens in Gottes Reich zu investieren, also den »Zehnten« zu geben: Warum tun sie das? Vielleicht deshalb, weil sie bestimmte Aussagen der Bibel ernst nehmen? Vielleicht, damit sie Ruhe haben vor den einschlägigen Ermahnungen ihrer Pastoren? Aber wer oder was nimmt uns die Angst, dass wir finanziell dabei nicht unter die Räder kommen? Unsere »Sicherheit« erwächst aus der Überzeugung: Ich gebe ab, weil ich weiß, dass Gott sich um mich kümmert. Es hat so viele Christen gegeben, die sich fragten: »Wie soll ich meine Rechnungen bezahlen können, wenn ich ab nächstem Monat meinen Zehnten gebe? Finanziell geht das nicht auf.« Dann gaben sie ihren Zehnten, und sie merkten: Die Rechnungen konnten bezahlt werden, weil Gott ihnen auf andere Weise half. Ob ich also den Zehnten gebe oder nicht, das ist vorrangig eine Sache des Glaubens.

Manche Christen behaupten: »Ich habe nicht die Zeit, länger zu beten als die paar Minuten, die ich zur Zeit täglich mit Gott allein verbringe. Sonst schaffe ich nämlich meine Arbeit nicht.« Aber irgendjemand hat erwidert: »Wie ist es eigentlich mit dem Zehnten unserer Zeit? Steht der nicht auch Gott zu?« Das ist meines Erachtens ein ebenso provozierender wie bedenkenswerter Gedanke. Können Sie glauben, dass Sie Ihre notwendige Arbeit wirklich schaffen, wenn Sie mehr Zeit mit Gott verbringen und ihm vertrauen, – dass er Ihnen die in das Gebet investierte Zeit erstattet? (Um Missverständnisse zu vermeiden: Ich stelle damit nicht die Forderung auf, ein wahrer

Christ müsse täglich zwei oder drei Stunden lang beten! Es geht vielmehr darum, dass wir den Impulsen des Heiligen Geistes folgen, wenn der uns ermahnt, mehr Zeit in Gemeinschaft mit Gott zu verbringen.)

Oder: Jemand versucht, mich zu sprechen, und ich habe »überhaupt keine Zeit«. Ich sage: »Ich kann mich dir jetzt nicht widmen.« Vielleicht gibt Gott mir dann den Glauben, dass er mir die Zeit wiederschenkt, wenn ich diesem Menschen Zeit widme.

Noch einmal: Gewiss hat Abraham hier vorbildlich gehandelt. Aber unzutreffend wäre die Deutung: Er besaß eben einen vornehmen Charakter. Dass dies eine Übertreibung wäre, wissen wir aus anderen Geschichten. Seine Vorbildlichkeit liegt darin, dass er glaubte: Gott kümmert sich um die Bedürfnisse seiner Kinder, wenn sie ihm zutrauen, dass er ihr Versorger ist. Hier lag seine Größe. Lot ist in die Geschichte eingegangen als der Halbherzige, als der Mitläufer. Er hatte einen kurzfristigen Vorteil, aber langfristig war er auf der falschen Seite. Abraham ist in die Geschichte eingegangen als der Vater des Glaubens, als der Gesegnete, von dem noch immer so viel Positives ausgeht.

Übrigens: Die Kraft, aus der heraus Abraham so entscheidet, ist das Gebet. Am Anfang des Kapitels – in Vers 4 – wird erzählt, dass Abraham den Herrn anrief. Am Ende des Kapitels – in Vers 18 – heißt es: »Und Abram zog weiter mit seinem Zelt und kam und wohnte im Hain Mamre, der bei Hebron ist, und *baute dort dem Herrn einen Altar.*«

So betete er am Anfang und am Ende. Und aus diesem Gebet heraus empfing er die Motivation, in der Weise zu handeln, wie er es tat.

Kapitel 4

Der Sieg über die Könige oder: Der Aufstand des Glaubens

1 Und es begab sich zu der Zeit des Königs Amrafel von Schinar, Arjochs, des Königs von Ellasar, Kedor-Laomers, des Königs von Elam, und Tidals, des Königs von Völkern,
2 dass sie Krieg führten mit Bera, dem König von Sodom, und mit Birscha, dem König von Gomorra, und mit Schinab, dem König von Adma, und mit Schemeber, dem König von Zebojim, und mit dem König von Bela, das ist Zoar.
3 Diese kamen alle zusammen in das Tal Siddim, wo nun das Salzmeer ist.
4 Denn sie waren zwölf Jahre dem König Kedor-Laomer untertan gewesen, und im dreizehnten Jahr waren sie von ihm abgefallen.
5 Darum kamen Kedor-Laomer und die Könige, die mit ihm waren, im vierzehnten Jahr und schlugen die Refaïter zu Aschterot-Karnajim und die Susiter zu Ham und die Emiter in der Ebene Kirjatajim
6 und die Horiter auf ihrem Gebirge Seïr bis El-Paran, das an die Wüste stößt.
7 Danach wandten sie um und kamen nach En-Mischpat, das ist Kadesch, und schlugen das ganze Land der Amalekiter, dazu die Amoriter, die zu Hazezon-Tamar wohnten.
8 Da zogen aus der König von Sodom, der König von Gomorra, der König von Adma, der König von Zebojim und der König von Bela, das ist Zoar, und rüsteten sich, zu kämpfen im Tal Siddim
9 mit Kedor-Laomer, dem König von Elam, und mit Tidal, dem König von Völkern, und mit Amrafel, dem König von Schinar, und mit Arjoch, dem König von Ellasar, vier Könige gegen fünf.

10 Das Tal Siddim aber hatte viele Erdharzgruben. Und die Könige von Sodom und Gomorra wurden in die Flucht geschlagen und fielen da hinein, und was übrig blieb, floh auf das Gebirge.
11 Da nahmen sie alle Habe von Sodom und Gomorra und alle Vorräte und zogen davon.
12 Sie nahmen auch mit sich Lot, Abrams Brudersohn, und seine Habe, denn er wohnte in Sodom, und zogen davon.
13 Da kam einer, der entronnen war, und sagte es Abram an, dem Hebräer, der da wohnte im Hain Mamres, des Amoriters, des Bruders von Eschkol und Aner. Diese waren mit Abram im Bund.
14 Als nun Abram hörte, dass seines Bruders Sohn gefangen war, wappnete er seine Knechte, dreihundertundachtzehn, in seinem Hause geboren, und jagte ihnen nach bis Dan
15 und teilte seine Schar, fiel des Nachts über sie her mit seinen Knechten und schlug sie und jagte sie bis nach Hoba, das nördlich der Stadt Damaskus liegt.
16 Und er brachte alle Habe wieder zurück, dazu auch Lot, seines Bruders Sohn, mit seiner Habe, auch die Frauen und das Volk.
(1. Mose 14,1-16)

Am Anfang dieser Geschichte tauchen viele Namen auf. Nun, die Menschen des kanaanäischen Kulturlandes wurden mehr als einmal von Großmächten unterworfen. Vielleicht erinnern wir uns an die Assyrer, Babylonier, Perser, Römer, um Großmächte zu nennen, die schicksalhaft auf Kanaan einwirkten. Immer wieder einmal griffen aber auch Nachbarn in die Geschicke des Landes ein. Zur Zeit Abrahams und noch lange danach existierten auf seinem Boden kleine Königreiche. Da gab es den König von Sodom – einen winzigen »Zaunkönig« sozusagen –, oder den König von Gomorra. Auch Jerusalem war ursprünglich solch ein kleiner Staat, ehe David ihn eroberte. Als Israel in Kanaan einzog, existierten diese kleinen Stadtstaaten noch. Hier heißt es, dass sie unterjocht wurden von einer Allianz unter Führung von Kedor-Laomer, dem König von Elam. Da rafften sich diese kleinen Zaunkönige auf und wagten einen Aufstand. Sie wurden erneut unterdrückt. Nun passierte etwas beinahe Spaßiges: Abraham mit seinen 318 Leuten – er war nicht einmal ein Zaunkönig, er glich eher einer Mücke –, lehnte sich auf, nicht gegen den König von Sodom oder den König von Gomorra, sondern gegen Kedor-Laomer. Er zog in den Kampf und – er gewann.

Man kann ein solches Unternehmen als Wahnsinnstat bezeichnen. Man kann es für einen puren Zufall halten, dass Abrahams Truppe nicht völlig aufgerieben wurde. Man kann es auch so deuten: »Gott in seiner Güte wollte nicht, dass Abraham getötet wurde, obwohl er übermütig handelte wie ein kleiner Junge; Gott sagte sich: ›Gut, ich verzeihe ihm das, ich lasse das durchgehen. Er soll seinen Sieg haben.‹« Nur: Die Bibel lässt an keiner Stelle erkennen, dass er hier etwas Falsches unternommen habe. Das finde ich inspirierend.

Warum? Weil Abraham im Namen Gottes gegen eine übermächtige Realität aufstand und Sieger wurde. Dass er dies mit militärischen Mitteln tat, ist eine Sache für sich. Der Vater des Glaubens lebte in einer Zeit, die sich in vieler Hinsicht von unserer unterscheidet. Heute sind Christen nicht mehr ermächtigt, im Namen Gottes, im Namen Jesu Kriege zu führen – diese Epoche ist glücklicherweise für immer vorbei. Entscheidend bleibt: Abraham findet sich nicht ab mit sogenannten Unabänderlichkeiten, sondern begehrt auf im Namen Gottes, geht in die Offensive, setzt sich durch, verändert die Welt. Der kleine Abraham! Mir erscheint das faszinierend und zugleich hochgefährlich. Denn im Glauben selber liegt eine Spannung, und wir müssen lernen, nicht nur theoretisch, sondern praktisch mit dieser Spannung umzugehen: der Spannung zwischen den Dingen, die wir zu akzeptieren haben, bei denen Auflehnung, Rebellion, Kampf falsch sind, ja, anderen Menschen schaden, Gott verletzen, uns selber wund machen – und den Fakten, denen gegenüber wir uns erheben sollen: »Das nehme ich nicht hin; hier kämpfe ich.«

In vielen Fällen ist ein inneres Ja zu den Gegebenheiten unseres Lebens nötig. Sie haben einen Menschen sehr geliebt und wollten ihn heiraten. Durch irgendwelche Umstände – weil er sich anders entschieden hat oder vielleicht sogar durch den Tod – wurde er Ihnen genommen. Nun kann es sein, dass Sie nicht nur eine tiefe Trauer erleben, sondern dass bohrende Fragen Sie quälen wollen. Warum ist mir so etwas zugestoßen? Sie verzeihen Gott nicht, dass er Ihnen diesen Menschen genommen hat. Den Kampf gegen Gottes »zugelassenen Willen« können Sie über Wochen, Monate oder Jahre führen. Was bringt Ihnen das? Sie können die Fakten so nicht verändern, sich selbst aber auf diese Weise Wunden schlagen. Was entschieden ist, das ist entschieden. Wir tun gut daran, in einer solchen Situation Ja zu sagen und gerade nicht zu kämpfen.

Vielleicht ist Ihnen Ihr Arbeitsplatz verloren gegangen, der Ihnen nicht nur eine finanzielle Absicherung brachte, sondern wo Sie sich ausgesprochen wohl fühlten. Sie hätten es als fair empfunden, wenn der Kollege statt Ihrer gekündigt worden wäre. Sie haben arbeitsgerichtliche Schritte erwogen, aber sie in realistischer Einschätzung der Situation verworfen. Nun ist es richtig, die Realität zu akzeptieren: »Ja, diesen Arbeitsplatz kann ich nicht zurückgewinnen. Jetzt muss ich mich beruflich neu orientieren. Herr, ich akzeptiere diese Situation!«

Vielleicht leben Sie in einem Überschwemmungsgebiet und sind selber vom Hochwasser betroffen. Keine Versicherung ist bereit, für den Schaden einzutreten. Dann ist es wichtig zu sagen: »Ja, Herr, ich nehme dieses Unglück an. Das tut mir sehr leid, das kostet mich Geld, das raubt mir Zeit, aber ich akzeptiere diese Situation; aus deiner Hand nehme ich sie an.« – So könnte ich fortfahren.

Ich müsste dann auch von unseren Elternhäusern sprechen, die uns manchmal schwere Lasten mit auf den Lebensweg gegeben haben. Was mancher Vater manchem kleinen Mädchen angetan hat, worüber dieses kleine Mädchen gar nicht sprechen kann, das ist eine Belastung für das ganze Leben. Und was manche Mutter ihren Kindern schuldig geblieben ist, weil sie zum Beispiel getrunken hat, das ist ebenfalls eine schwere Bürde für die Zukunft, und manche Menschen kämpfen Jahre um die Befreiung von solchen Altlasten. Ein wesentlicher Aspekt der Aufarbeitung liegt darin, die Fakten als solche innerlich zu akzeptieren.

So gibt es eine Menge Erfahrungen, denen gegenüber wir irgendwann ein Ja des Glaubens finden müssen: »Herr, ich akzeptiere, dass du diese Erfahrung in meinem Leben zugelassen hast.« Tun wir dies nicht, so bleibt eine Wunde, die sich nie schließt, ja, die weiter eitert.

Dann gibt es Erfahrungen, denen gegenüber wir nicht so vorgehen dürfen. Ich sage es mit den alten Begriffen: Wenn wir es mit der Wirklichkeit von Sünde, Tod und Teufel zu tun bekommen, dann ist es richtig, nicht zu resignieren, nicht zu akzeptieren, sondern zu kämpfen. Wenn Sie in Ihrem Leben bestimmte Sünden quälen, die Sie als Christ unglaubwürdig erscheinen lassen, gegen die Sie schon mehrmals angegangen sind, die Sie bisher aber nicht unter die Füße gekriegt haben, sagen wir, solche des Jähzorns oder bestimmte sexuelle Verhaltensweisen, von denen Sie wissen, dass sie falsch sind, dann ist es wichtig, nicht Ja zu sagen, das heißt faktisch zu resignieren, sondern aufzustehen: »Ich habe eine Zeit lang gekämpft und fast aufgegeben. Aber in Christi Namen, ich stehe noch einmal auf. Ich weiß: Jesus ist hier, und ich bin auf seiner Seite, und ich werde diesen Kampf gewinnen, weil ich ein Kind der Gnade, weil ich erlöst bin, weil dies nicht Teil meines Wesens ist, sondern weil sich hier der Einfluss der Sünde geltend macht. Ich nehme diesen Kampf neu auf. Und wenn ich ihn heute nicht gewinne, gewinne ich ihn morgen; und wenn ich ihn morgen nicht gewinne, gewinne ich ihn nächste Woche; und wenn ich ihn nächste Woche nicht gewinne, nächsten Monat. Aber ich bin zum Siegen geboren, weil ich ein Kind der Gnade bin.«

Auch dem Einfluss des Todes sind wir ausgesetzt. Für Christen ist es, entgegen gängigen religiösen Klischees, keineswegs selbstverständlich, sich kampflos zu ergeben. Ich meine nicht, dass wir Verstorbene nicht beerdigen und regelmäßig um ihre Wiederbelebung beten sollten. Auch im Neuen Testament bleiben Totenerweckungen unter allen Wundern Jesu und der frühen Kirche seltene Ausnahmen. Wir müssen aber sehen, dass der Tod viele Gestalten, auch viele Vorformen hat. Da ist die Angst, da ist die Ungeborgenheit, und da sind die tausenderlei verschiedenen Krankheiten. Der Tod greift nach uns vom Zeitpunkt unserer Geburt an. Er attackiert uns zum Beispiel mit Viren und Bakterien, er versucht uns zu schwächen und auf das Krankenbett zu werfen; er will uns in Unfälle verwickeln. Er nistet sich bei uns ein in der Form von chronischen Krankheiten, die sehr anhänglich sind. Ich glaube, es ist richtig, dass Christen aufstehen und etwa erklären: »Diese Diagnose klingt unabänderlich. Mein Arzt hat mir gesagt: ›Damit müssen Sie leben.‹ Aber ich bin ein Christ, ich gehöre zu Jesus, und Jesus hat alle Kranken geheilt, die zu ihm gebracht wurden oder kamen. Ich stehe auf gegen diese Macht der Krankheit in meinem Leben und finde mich nicht mit ihr ab.« Mein Eindruck ist heute, dass manche Krankheiten sich auch deshalb dem Glaubensgebet (Jakobus 5,15) gegenüber als so resistent erweisen, weil der, für den gebetet wird, tief innen in seinem Herzen längst akzeptiert hat, dass die Krankheit zu ihm gehört.

Es ist wichtig, dass wir unseren Krankheiten gegenüber eine klare Distanz gewinnen. Leben wir »in Christus«, so sind sie nicht ein Teil von uns, sondern eine Fremdbestimmung. Ich weiß, was ich damit sage. Warum um alles in der Welt nützen wir die kleinste medizinische Chance, gesund zu werden – kämpfen also in diesem Sinne gegen die Krankheit, während viele von uns *geistlich* an dieser Stelle die Flügel gestreckt haben? Für mich fehlt dieser Haltung ein Minimum an Logik! Nein: Christen sind »Protestleute gegen den Tod«, wie der große Blumhardt sagte. Die meisten Christen in Deutschland haben an dieser Stelle weder Anleitung erhalten noch eigene positive Erfahrungen, und seien sie noch so klein, gewonnen. Aber was heute noch nicht ist, kann ja morgen werden.

Hier ist die Gemeinde zum Einsatz aufgerufen. Ich finde es sehr billig, den Kranken zu sagen: »Du hast eben nicht geglaubt, sonst wärest du nicht weiter krank.« Das ist das Letzte, was wir tun dürfen. Die Gemeinde muss eintreten für diese kranken Menschen und muss sagen: »Wir sehen, dass du müde bist in deinem Kampf. Wir kämpfen mit dir und für dich um deine Gesundung.« Hier zählt jeder Zentimeter Boden, den wir neu gewinnen.

»Sünde, Tod und Teufel.« Was ist das größte Werk des Teufels? Dass er Menschen davon abhält, an Jesus zu glauben! St. Pauli wird »die sündigste Meile der Welt« genannt; und gewiss ist dieser Stadtteil kein Ruhmesblatt für Hamburg. Okkulte Praktiken liegen nicht in Gottes Plan. Satansmessen entsprechen nicht Gottes Absicht. Das größte Werk des Satans aber ist, dass er Menschen davon abhält, an Jesus zu glauben. Das sagt die Bibel. Wie bekämpfe ich Satan am wirksamsten? Indem ich dafür kämpfe, dass ein Mensch nach dem andern in das Reich des Lichtes hineinlangt, also wiedergeboren wird. Wie viele wiedergeborene Menschen gibt es in Deutschland? Sind es 3 Prozent? Wohl kaum mehr. Das heißt, der weitaus größte Teil unserer Bevölkerung ist geistlich tot; er gibt Gott nicht die Ehre.

Dass wir dies mit einem gewissen Achselzucken und einigem Jammern akzeptieren, finde ich unerträglich. Wo bleibt der zum Letzten entschlossene Aufstand der Christenheit in Deutschland gegen dieses keinesfalls unabänderliche Faktum? Wir glauben eben nicht wirklich an den Gott Abrahams. Darum schreiben wir unsere Niederlage fest, statt ihr unter Aufopferung unseres Lebens entgegenzutreten. Wo sind die Christen, die dafür kämpfen, dass mindestens zehn Prozent der Bundesbürger für ein Leben mit Jesus Christus gewonnen werden?

Der kleine Abraham! Manchmal war er zögerlich und schüchtern, und in Ägypten hat er darum gezittert, sein Leben zu verlieren. Hier steht er mit seinen 318 Mann gegen Kedor-Laomer und seine Leute auf: Und er siegt. Wir müssen Christen mit Biss werden, nicht angepasste, liebe, bescheidene, nette Leute, deren Mentalität sich so artikuliert: »Ach ja, wir haben mal von großen Zielen geträumt, aber, weißt du, das war damals.« Lasst uns aufstehen gegen die Fakten, die Gott *nicht* akzeptiert.

Alle Tatsachen sind ernst zu nehmen, aber sie haben nicht das letzte Wort. Das letzte Wort hat Gottes Wille.

Kapitel 5

Die Begegnung mit Melchisedek oder: Der Segen des Glaubens

> 18 Aber Melchisedek, der König von Salem, trug Brot und Wein heraus. Und er war ein Priester Gottes des Höchsten
> 19 und segnete ihn und sprach: Gesegnet seist du, Abram, vom höchsten Gott, der Himmel und Erde geschaffen hat;
> 20 und gelobt sei Gott der Höchste, der deine Feinde in deine Hand gegeben hat. Und Abram gab ihm den Zehnten von allem.
> (1. Mose 14,18-20)

Abraham trifft Melchisedek, den Priesterkönig oder Königspriester, der beheimatet war in »Salem«, oder »Jerusalem«, wie es später heißen wird. Melchisedek ist ein geheimnisvoller Mann, von dem wir wenig wissen. Auf ihn bezieht sich der Hebräerbrief des Neuen Testaments, für den Melchisedek so etwas wie ein »Symbol« für Jesus ist: »Dieser Melchisedek aber war König von Salem, Priester Gottes des Höchsten; er ging Abraham entgegen, als der vom Sieg über die Könige zurückkam, und segnete ihn; ihm gab Abraham auch den Zehnten von allem. Erstens heißt er übersetzt: König der Gerechtigkeit; dann aber auch: König von Salem, das ist: König des Friedens. Er ist ohne Vater, ohne Mutter, ohne Stammbaum, und hat weder Anfang der Tage noch Ende des Lebens. So gleicht er dem Sohn Gottes und bleibt Priester in Ewigkeit.« (Hebräer 7,1-3)

Was innerhalb der Abrahamgeschichten in 1. Mose über Melchisedek gesagt wird, ist ganz knapp, aber es lohnt, diese wenigen Worte genau zu lesen.

Melchisedek segnet Abraham. Worin kann die Bedeutung eines Segens bestehen, mit dem ein bereits Gesegneter nochmals gesegnet wird, und zwar ausgerechnet von einem Fremden? Abraham ist doch Segensträger, er hat die Zusage Gottes für sein Leben und über seinem Leben empfangen: »Ich will dich segnen, und du sollst ein Segen sein.« Und nun taucht ein Unbekannter wie aus dem Nichts auf, jemand, den man einmal sieht und nie mehr trifft, und sagt: »Gesegnet seist du, Abram.« Warum? Ist denn der Segen Gottes so etwas wie eine Tankfüllung für das Auto, die sich sozusagen beim Fahren verbraucht, so dass man immer wieder nachfüllen muss? Gilt der Segen, den Jahwe über Abraham ausgesprochen hat, nicht für alle Zeiten? Muss da nachgebessert und nachgeholfen werden? Warum sagt Melchisedek das, was Abraham schon gesagt ist, was er schon gehört hat und was bereits gilt?

Ich bin überzeugt: Gott *will*, dass jeder von uns ein Segensträger ist, also im Segen lebt und für andere ein Segen ist. Ich finde, das können wir nicht oft genug hören, obwohl es bereits beim ersten Mal wahr ist, obwohl es uns gilt. Seit Sie Christ sind, steht über Ihrem Leben diese Bestimmung. Im Epheserbrief wird gesagt, bezogen auf alle Christen aller Zeiten: »Gott hat uns mit allem geistlichen Segen ... in Christus gesegnet« (Epheser 1,3). Es handelt sich um einen Zuspruch des Heils, den Gott jedem von uns gemacht hat: »Du sollst ein Segensträger sein.« Was heißt das? Das alttestamentliche Wort »Segen« deckt so vieles ab, dass wir es kaum mit einem Begriff erfassen können. Die Segenszusage meint: Es soll dir gelingen; deine Kinder sollen zahlreich sein und sich gut entwickeln; dein Vieh soll dir geraten, und es soll sich vermehren; deine Äcker sollen Frucht bringen.

Und nun könnte ich, bezogen auf die Menschen unseres Kulturkreises, zum Beispiel fortfahren: Es soll Ihnen in Ihrem Beruf gut gehen, und Sie sollen sich dort bewähren, Gutes leisten und Erfolg haben. Das Wort »Erfolg« ist unter Christen diffamiert worden. Man hat so getan, als sei es eine Schande, wenn ein Christ erfolgreich sein will. Das finde ich ganz falsch, weil wir damit eine wesentliche Seite dessen, was Segen ist, abgekoppelt haben. Erst wenn wir es wagen, beim Wort »Segen« den Faktor Erfolg mitzudenken, werden wir dem konkreten biblischen Denken gerecht.

Sie sollen ein gesegneter Vater sein. Was ist das? Ein Vater, der seine Kinder wirklich dahin führen kann, wo er sie hinführen möchte (das meint ja Erziehung), der die Werte vermittelt, die vermittelt werden sollen, so dass er am Ende seines Lebens sagen kann: In diesen Kindern lebt etwas von meinen Begabungen und Stärken weiter (ich verschweige nicht, auch von meinen Fehlern, aber das ist dann nicht Teil des Segens). Ein gesegneter Vater zu sein, ist eine Bestimmung. Wir sind als Väter nicht dazu bestimmt, von Misserfolg zu Misserfolg zu schliddern.

Sie sollen eine gesegnete Ehefrau sein. Was ist das? Eine Ehefrau, der das ihrem Mann gegenüber gelingt, was sie sich im Allertiefsten wünscht: ihn zu tragen, zu begleiten, zu ermutigen, zu korrigieren und zu versorgen.

Sie sollen ein gesegneter Ehemann sein, nämlich jemand, der seine Frau schützt, ihr Geborgenheit gibt, Halt, Liebe, Verständnis und vieles andere.

Sie sollen ein gesegneter Lehrer sein, jemand, der mit seiner Klasse »fertig« wird, sogar heute, der Vertrauen ausstrahlt, dem es gelingt, unter erschwerten pädagogischen Bedingungen Lernziele zu vermitteln, und an dem die Schüler etwas haben, was über alle Vermittlung von Lehrinhalten hinausgeht.

Sie sollen ein gesegneter Unternehmer sein. Sie sollen Ihre Firma, was immer sie produziert oder leistet und wo immer sie heute steht, aus möglichen roten Zahlen herausholen. Sie sollen geschäftlich expandieren. Was werden Nichtchristen von unserem Gott denken, wenn wir in der Geschäftswelt Nieten sind? Die müssen doch messerscharf schließen, dass Christsein sich nicht lohnt. Sie sollen unter dem Segen Gottes Gewinne machen. Und sollen dann unter dem Segen Gottes dieses viele Geld richtig ausgeben.

Was »richtig« ist, darüber wäre zu sprechen. Sie dürfen von dem genießen, was Gott Ihnen gerne schenkt. Sie sollen investieren, aber auch Ihre Mitarbeiter angemessen an den Zuwächsen beteiligen. Mit Ihrem Wohlstand sollen Sie die Belange des Reiches Gottes fördern.

Unter dem Segen Gottes leben, heißt für junge Leute unter anderem: Du darfst Karriere machen und sollst dich nicht schämen zu sagen: Ja, ich will vorankommen in meinem Beruf, ja, ich mache eine weitere Ausbildung, wenn es nötig ist, ja, ich verfolge meine Ziele energisch. Du sollst keiner sein, der sich mit dem jeweils Erreichten zufrieden gibt, der sich auf den untersten beruflichen Tätigkeitsfeldern bewegt. Du sollst dich bewähren. (Wir wollen helfen, dass junge Christen ihr Bestes geben und sich nicht schonen. Sie sollen einen positiven Eindruck auf ihre Umwelt machen.) Wenn Gott dir allerdings sagt: »Deine Karriere ist zu deinem Götzen geworden«, dann sollst du umkehren. Aber dazu muss es ja nicht kommen!

Wenn Sie ein Seelsorger oder eine Seelsorgerin sind, dann sollen Sie gesegnet sein in Ihrer Seelsorge, sagen wir einmal: in der Ehe-Seelsorge. Sie sollen mit Freude und Dankbarkeit erfahren, dass Sie vielen Ehepaaren, die kurz vor der Scheidung standen, helfen können – dass sie heute glücklich verheiratet sind; dass Sie anderen Paaren in Krisen Beistand geleistet haben und Gott sie herausführte.

Wenn Sie Pastor sind, dann sollen Sie ein gesegneter Pastor sein. Sie sollen Ihre Gemeinde in die Bestimmung hineinführen, die Gott für diese Gemeinde hat – in angemessenen Zeiträumen, versteht sich. Sie sollen – auch als Hirte einer Gemeinde – dem folgen, was Gott Ihnen gezeigt hat. Glauben Sie nicht wie Tausende deutscher Theologen an den pastoralen Misserfolg. Sie sollen Christen ausbilden, damit sich die Gemeindearbeit multipliziert.

Auch wenn Sie ein Künstler sind, sollen Sie gesegnet sein. Sie sollen gute »Arbeit« leisten und auch damit rechnen, dass sie sich verkaufen lässt, ob es sich nun um Manuskripte, Bilder, Kompositionen oder anderes handelt.

Es gibt Menschen, die sagen: »Weil diese Person da lebt, lohnt es sich für mich weiterzugehen.« Sie sollen eine solche Person, ein solcher Orientierungspunkt für andere Leute sein. Das hat nichts mit dem Lebensalter zu tun. Viele junge Christen werden wahrscheinlich in der Schule kritisiert, ja angefeindet, weil sie Christen sind. Aber keiner weiß, ob sie nicht auch heimlich bewundert werden.

Sie sollen ein Segen sein. Sie sollen wissen: Wenn Sie in die U-Bahn steigen, tragen Sie den Segen Gottes in die U-Bahn. Sie sollen ein in diesem Sinne positives Selbstwertgefühl haben. Damit ehren Sie ja nur Gott, nicht sich selbst.

Gott will, dass wir Gesegnete sind. Wir dürfen das Wort »Segen« nicht so vergeistigen, dass seine alttestamentlichen Wurzeln einfach vergessen werden. Denn »Segen« meint eben zunächst einmal: sich entfaltendes, gelingendes Leben. Dass im Neuen Testament der Hauptakzent eindeutig auf den »geistlichen« Gütern liegt, ist nicht nur richtig, sondern höchst bedeutsam. Christen können deshalb mit allen Arten irdischen Misserfolgs ganz anders umgehen, als es Andersgläubigen möglich ist. Aber die Seligsprechung des Misserfolgs, wie sie unter zahllosen Gläubigen unseres Landes fast zum Dogma erhoben wurde, zeugt von einem negativen Gottesbild, einem tiefen Misstrauen gegenüber der versorgenden und helfenden Liebe Gottes.

Hier heißt es: »Gelobt sei Gott der Höchste, der deine Feinde in deine Hand gegeben hat« (Vers 20). Nicht Abraham hat es geschafft, Gott hat es gegeben. Wenn Sie ein Mensch des Segens sind, besteht natürlich immer die Gefahr, dass Sie denken: »Na ja, ganz ohne mein Zutun wäre es ja auch nicht gegangen. Gott weiß schon, was er an mir hat.« Ich habe noch nie einen Menschen getroffen, der das offen gesagt hätte. Dennoch: Alles, was uns gelingt, *kann* ein Anlass werden, dass wir uns verrennen, stolz werden und überlegen: »Es liegt natürlich alles an Gottes Segen, aber ohne meine Ausdauer, meinen Fleiß, ohne meine Selbstüberwindung wäre es nicht passiert.« Aber nun frage ich Sie Folgendes: Wer gab Ihnen die Energie für Ihre 60-Stunden-Woche? Wer hat Ihnen diese Vitalität verliehen, dass Sie noch frisch sind, wenn andere schon durchhängen? Wer hat Ihnen Ihren scharfen Verstand geschenkt, mit dem Sie die Dinge durchdenken können? Von wem haben Sie Ihre künstlerischen Begabungen? Wer hat Ihnen die Sensibilität für die Seelsorge geschenkt, so dass Leute sagen: Hier fühlte ich mich tief verstanden, ja, hier wurde mir geholfen!? Stolz zu sein ist immer eine Form von primitiver Dummheit, denn alles, was wir sind, haben, können und leisten, ist eine Gabe Gottes. Wir hängen so sehr von ihm ab, dass wir keinen Atemzug ohne ihn zu tun vermögen. Jakobus hat Recht: »*Alle* gute Gabe und alle vollkommene Gabe *kommt von oben herab, von dem Vater des Lichts*« (1,17) – auch in unserem Leben.

Der gesegnete Mensch ist immer gefährdet. Aber die Lösung liegt nicht darin, dass wir sagen: »Ach, ich bin ja nur eine kleine Null, ich bin ein Versager.« Diese Form von Depressivität hat nichts mit Demut zu tun. Wenn ein Christ sich selber herabsetzt, sollte er Buße tun. Er macht nämlich damit Gottes gute Absichten zunichte. Ein wirksames Mittel gegen den Stolz besteht darin, permanent zu danken und nicht zu vergessen, was Paulus sagte: »Was hast du, das du nicht empfangen hast? Wenn du es aber empfangen hast, was rühmst du dich dann, als hättest du es nicht empfangen?« (1. Korinther 4,7)

Kapitel 6

»Abraham glaubte dem Herrn« oder: Die Gerechtigkeit des Glaubens

> 1 Nach diesen Geschichten begab sich's, dass zu Abram das Wort des HERRN kam in einer Offenbarung: Fürchte dich nicht, Abram! Ich bin dein Schild und dein sehr großer Lohn.
> 2 Abram sprach aber: HERR, mein Gott, was willst du mir geben? Ich gehe dahin ohne Kinder, und mein Knecht Eliëser von Damaskus wird mein Haus besitzen.
> 3 Und Abram sprach weiter: Mir hast du keine Nachkommen gegeben; und siehe, einer von meinen Knechten wird mein Erbe sein.
> 4 Und siehe, der HERR sprach zu ihm: Er soll nicht dein Erbe sein, sondern der von deinem Leibe kommen wird, der soll dein Erbe sein.
> 5 Und er hieß ihn hinausgehen und sprach: Sieh gen Himmel und zähle die Sterne; kannst du sie zählen? Und sprach zu ihm: So zahlreich sollen deine Nachkommen sein!
> 6 Abram glaubte dem HERRN, und das rechnete er ihm zur Gerechtigkeit.
>
> (1. Mose 15,1-6)

Wir haben gefunden, dass auch Abraham-Geschichten, in denen das *Wort* »Glaube« nicht vorkommt, am Thema des Glaubens weiterarbeiten. In dieser Geschichte allerdings kommt auch der Begriff vor, dort nämlich, wo es heißt: »Abram glaubte dem Herrn . . .« (Vers 6). Dieser Satz ist durch Paulus berühmt geworden.

Das Kapitel beginnt mit drei kleinen Worten: »Nach diesen Geschichten«. Damit wird klar, dass diese Einzelerzählung in eine Abfolge von Ereignissen hineingehört, dass es ein Vorher gibt. Was sich hier abspielt, ist nicht der Beginn der Beziehung Abrahams zu Gott, sondern eine weitere Station. Wir stoßen auf den Zeitfaktor im Glauben. Es wäre so einfach, wenn sich die Erfahrungen des Glaubens in kurzen Zeiträumen zusammendrängen ließen, wenn zwischen Christwerden, tiefen Erfahrungen der Nähe und der Kraft Gottes sowie einem erfüllten, fruchtbaren Dienst in der Gemeinde und der Aufnahme in die himmlische Welt nur wenige Jahre lägen. Dass die Dinge sich oft so hinziehen, ist für unseren Glauben eine Anfechtung. Die Zeit arbeitet nicht für, sondern gegen uns. Das würden Sie vielleicht nicht verstehen, wenn Sie ein oder zwei Jahre Christ sind, aber wer länger im Glauben steht, weiß, dass es sich so verhält. Wir können den Glauben nicht auf Flaschen ziehen. Wir können Begeisterung nicht konservieren. Häufig verbürgerlichen Leute, die viele Jahre im Glauben stehen; sie pendeln sich sozusagen bei einem Mittelmaß ein, ohne sich weiter nach dem auszustrecken, was Gott noch mit ihnen vorhat.

Wenn es um Gottes Zusagen geht, spielt der Faktor Zeit eine große Rolle, denn es können Monate oder Jahre verstreichen, bis bestimmte Dinge eintreten.

Abraham hatte die Erfüllung eines Teiles der vielen göttlichen Zusagen zu diesem Zeitpunkt schon erlebt. Gott hatte zu ihm gesagt: »Ich will dich segnen, und du wirst ein Segen sein«; beides war passiert. Er war inzwischen ein reicher Mann, er besaß große Herden, eine beträchtliche Schar von Menschen gehörte zu ihm, er hatte vielfältige Erfahrungen gesammelt, er hatte sogar mit etwas über 300 Leuten einen Krieg gewonnen. Aber etwas Wesentliches stand noch aus. Gott hatte ihm versprochen: »Ich werde aus dir ein großes Volk machen, und alle Geschlechter der Erde werden durch dich gesegnet werden.« Abraham musste sich klarmachen: »Wenn aus mir und meiner Frau irgendwann ein großes Volk werden soll, dann muss das ja wohl damit anfangen, dass ich einen Sohn bekomme.« Es lag also nicht nur an der Weltanschauung des Orientalen, dass er sich seine eigene Zukunft ohne einen Sohn nicht vorstellen konnte, sondern dies hing auch mit seinem Glauben zusammen. Abraham dachte bei sich: »Da fehlt doch noch etwas, da steht noch etwas aus.« Es quälte und beunruhigte ihn, dass sich Gott zu diesem Teil seiner Verheißung noch nicht gestellt hatte.

Jahre gingen ins Land, und Abraham dachte: »Ich werde immer älter. Es passiert nicht. Es passiert vielleicht nie. Es passiert vielleicht *bei mir* nicht.« Da haben wir den Faktor Zeit. Der »Sohn« oder die »Tochter« Abrahams muss bereit sein, gegen die Zeit zu glauben, gegen jene Zeit, die uns sagt: »Es wird doch nichts mehr, jetzt ist es zu spät. Du bist zu alt.« Oder: »Du hast schon zu lange gewartet.« Oder: »Du hast ja deine besten Jahre im Unglauben verbracht, das rächt sich eben jetzt.« Oder: »Du bist sowieso nicht der Typ, mit dem Gott etwas anfangen kann.« Die Zeit arbeitet gegen uns, und es entsteht ein Konflikt. Welcher? Der Konflikt zwischen dem, was Gott gesagt hat, und dem, was die Realität sagt. Gott hat gesagt: »Ich werde es tun«, und die Realität sagt: »Guck dich doch an, sieh doch deine Umstände, sei doch mal ganz ehrlich zu dir selbst, was du da ›geglaubt‹ hast, das war doch wohl alles etwas übertrieben. Das war wohl dieser Überschwang, da hast du Gott vielleicht überhaupt nicht richtig gehört.« Kennen Sie das aus Ihrem Leben? Dass Gott etwas in Ihr Herz hineingeredet hat, und Sie waren begeistert und hätten sich gewünscht, dass es morgen Realität wird? Aber es wurde »morgen« nicht Realität – auch »übermorgen« nicht, es ließ eben bis heute auf sich warten. Da haben Sie angefangen, sich zu fragen, ob Sie nicht Hirngespinsten gefolgt sind.

Worin besteht die Gefahr? Sie besteht darin, dass wir uns in dieser Spannung zwischen der Wirklichkeit des Wortes Gottes und der sichtbaren Realität unseres Lebens auf die Seite der Realität schlagen. Und dann sagen wir, inzwischen etwas abgebrüht und leicht zynisch geworden (aber wir bezeichnen unsere Haltung nun als »Nüchternheit«): »Na ja, ich hatte da auch mal meine Flausen im Kopf. Ich hab früher auch solche Thesen vertreten wie die und die Leute, ich kenne das. Vergiss es.« Es bedeutet eine tödliche Gefahr für den Glauben, dass wir die Spannung zwischen Gottes Zusage und der noch nicht eingetretenen Erfüllung nicht mehr aushalten, dass wir also die Wirklichkeit dessen, was Gott gesagt hat, vergessen und uns für die derzeitige Realität entscheiden. Wir verlieren damit das Beste von dem, was Gott für uns bereit hält, mehr noch: Wir leben mit einer inneren Wunde weiter. Natürlich bauen wir nun irgendeine fromme Theologie um unsere geistliche Kurzatmigkeit herum.

Da gibt es etwa die »Theologie der göttlichen Souveränität«, die fromme Leute erfunden haben. Wenn sie mit Gottes Verheißungen nicht mehr zurechtkommen, sagen sie: »Letztlich ist Gott doch souverän; er erhört nicht einfach jedes Gebet.« Das Schlimme an dieser »Theologie« liegt darin, dass sie offensichtlich einen wahren Kern hat. Überall da, wo wir Gottes Willen nicht kennen können oder jedenfalls aktuell nicht kennen, ist es sehr wichtig, mit Entscheidungen Gottes zu rechnen, die für uns unerklärlich, ja befremdlich sind. Selbstverständlich ist Gott souverän, so zu entscheiden, wie er es will. Ich meine hier aber Situationen, in denen er, seinem Wort zufolge, entschieden hat! *Was ist denn eine Verheißung Gottes anderes als eine gültige Entscheidung Gottes, eben das zu tun, was die Verheißung sagt?* Was ist Glauben denn anderes als die frohe Überzeugung: *Gott wird das tun, was er uns oder mir versprochen hat?!* Es wäre so wichtig, wir würden die Verheißung Gottes festhalten in Nacht und Nebel, in Tod und Verzweiflung, bis sie irdische Realität wird! Darin besteht der Kampf des Glaubens. Viele wollen ihn nicht, weil er so nüchtern erscheint.

Was brauchen Menschen in einer solchen Phase am meisten? Ich denke: Ermutigung. Wenn ein Mensch in seinem Glauben müde und traurig geworden ist, dann bringt es ihm nicht sehr viel, wenn Sie zu ihm gehen und sagen: »Was bist du nur für ein Christ? Du solltest . . ., weißt du denn nicht . . .?« Diese Art von Appellen hilft nicht nur nichts, sie zieht noch mehr herunter.

Was tut Gott? Er geht zu Abraham, den er ja kennt wie kein anderer, redet ihn an und gibt ihm drei massive positive Zusagen:

1. »Fürchte dich nicht.« Das ist eines der Worte, die uns permanent in der Bibel begegnen und die wir schon fast nicht mehr ernst nehmen, weil sie so oft auftauchen. »Hab keine Angst, fürchte dich

nicht. Fürchte dich vor nichts, fürchte dich auch nicht vor mir. Du brauchst dich in keiner Hinsicht zu ängstigen.«

2. »Ich bin dein Schild.« Ein Schild ist der Teil einer Waffenausrüstung, den ein Kämpfer vor seinen Körper hält, um Pfeile oder auch das Schwert eines anderen Kämpfers abzuhalten. Gott sagt: »Ich bin dein Schild.« Was heißt das? »Ich wehre die Mächte des Todes ab, sie kommen nicht an dich heran, du wirst weiterleben. Du bist mir wichtig. Ich passe auf dich auf. Dein Leben ist voller Gefährdungen, aber ich passe auf dich auf.« Das ist ein Wort an Abraham und an alle »Söhne« und »Töchter« Abrahams.

3. »Ich bin dein sehr großer Lohn« (wörtlich: »Dein Lohn soll sehr groß sein!«). Was ist Lohn? Im üblichen Verständnis ist er Entgelt für eine Leistung. Wir nennen das heute noch so. Meint Gott, dass er irgendetwas, das Abraham geleistet hat, vergelten müsste durch eine Art geistlicher Bezahlung? Das wäre, auf dem Boden der Bibel, ein abwegiger Gedanke. Und doch bezeugt die Heilige Schrift an dieser und an anderen Stellen, auch bei Jesus, dass Gott denen einen Gnadenlohn gibt, einen freien, einen geschenkten Lohn, die sich ihm anvertrauen. Ist das schon einmal Ihre Erfahrung gewesen, dass Sie einen Schritt der Umkehr, der Hingabe und Veränderung getan haben, und Gott reagierte darauf sogleich mit einem Zustrom von Freude, Freiheit und neuem Gelingen? Gott lässt sich nichts schenken, ohne seinerseits zu schenken, und zwar jeweils mehr, als wir gegeben haben. Er lässt sich nicht überbieten.

Was heißt dieses Wort vom Lohn für Abraham? Es bedeutet vor allen Dingen, dass Gott ihm den ersehnten Sohn schenken wird. Wenn Abraham das Wort »Lohn« hört, dann meint das nicht so sehr: Tiere und Weideplätze und Gold und Silber; dann ist vielmehr der Erbe im Blick.

Wie reagiert Abraham? Als Gott so positiv mit ihm redet, da antwortet Abraham nicht: »Gepriesen seist du, Herr. Wie wunderbar ist deine Fürsorge, wie groß ist die Geborgenheit bei dir, wie herrlich wirst du mich belohnen. Ich preise dich, halleluja!«, sondern: »Herr, mein Herr, was willst du mir schon geben? Ich gehe doch sowieso kinderlos dahin, und Erbe meines Hauses ist ein Fremder, nämlich Eliëser aus Damaskus. Du hast mir ja keine Nachkommen gegeben.« Kennen wir diesen Ton? Wie nennt man das? Vielleicht Resignation, vielleicht Skepsis. Vielleicht ist es nicht einmal falsch zu sagen: Hier kommt Bitterkeit heraus, Enttäuschung, Frustration. Abraham ist von Gott enttäuscht. Und das Gute ist, dass er dies nicht hinter frommen Sätzen versteckt. Wir beten manchmal: »Oh, Herr, ich preise dich, du Gott der Liebe«, aber tief in unserm Innern sagt es: »Mich liebt er aber nicht.« Vielleicht bekennt einer: »Du bist ein Gott, der seine Verheißung erfüllt«, und tief innen heißt es: »Aber nicht bei mir.«

Darum ist Abrahams Ehrlichkeit an dieser Stelle als, wenn ich so sagen darf, Durchgangsstadium des Glaubens positiv zu werten. Abraham bringt seine Not vor Gott. Wenn wir sie vor anderen herauslassen, dann nennen wir das heute oft »mal richtig ehrlich sein«. Ich frage mich nur, ob es viel bringt, wenn drei Christen sich zusammensetzen, sich gegenseitig alle ihre Enttäuschungen mit Gott erzählen und dann behaupten: »Heute waren wir mal richtig ehrlich.« Ehrlichkeit ist in unserer Kultur sehr gefragt. Das leuchtet ein, wenn die Alternative nur Heuchelei heißt. Aber Ehrlichkeit ist manchmal überhaupt nicht nützlich. Was haben die anderen davon, wenn auch Sie ihnen erzählen, dass Sie Gott nicht vertrauen? Was hat einer, der in einem dunklen Schacht sitzt, davon, wenn ein anderer in dieses Loch hinabsteigt und sagt: »Ich bedauere dich, aber herausholen kann ich dich nicht. Lass uns beide ehrlich zugeben, dass wir keinen Ausweg wissen«? Nein, wir haben die Aufgabe, einander zu ermutigen, an diesen Gott zu glauben. Wir wollen dabei ehrlich sein, das ist schon wahr, aber nicht permanent unseren Unglauben wie eine Torte auf dem Tablett vor uns hertragen. Eine (selbstverständlich) ehrliche Beichte vor Gott ist etwas anderes als die unter uns gängige Verharmlosung unseres Unglaubens im Zeichen angeblicher Ehrlichkeit!

Abraham hat die Spannung des Glaubens an unserer Stelle schon aufgelöst. Anstatt zu sagen: »Herr, es ist so schwer, an dieser Verheißung festzuhalten. Ich habe manchmal große Mühe, wenn ich sehe, wie die Zeit ins Land geht. Oft beschleicht mich der Gedanke, ich könnte kinderlos sterben«, behauptet er: »Ich gehe kinderlos dahin. Erbe meines Hauses ist Eliëser.« Das klingt schon wie eine Tatsache. »Du hast mir ja keine Nachkommen gegeben.« Hier hat sich Abraham auf die Seite der Realität geschlagen – gegen die Wirklichkeit des Wortes Gottes.

Und nun ist das Schöne an dieser Geschichte, dass Gott nicht erklärt: »Ich bin es leid mit dir. Ich habe soviel für dich getan. Ein erheblicher Teil meiner Verheißungen ist doch schon in Erfüllung gegangen. Das kann dir nicht entgangen sein. Deshalb sollte es dir nicht allzu schwer fallen, auch den Rest zu glauben. Aber genau das tust du eben nicht, und darum will ich die Beziehung zu dir beenden.« Nein, Gott geht liebevoll, zart auf ihn ein: »Nicht er, Eliëser, wird dich beerben, sondern dein leiblicher Sohn wird dein Erbe sein.« Und dann führt Gott ihn heraus aus dem Zelt und lässt ihn den Nachthimmel angucken. Ich stelle mir einen wolkenlosen, klaren Nachthimmel vor. »Guck sie dir an, so viele Nachkommen, wie du Sterne siehst, wirst du haben.«

An dieser Stelle kommt eine Frage auf, die ich nicht übergehen möchte: War es eigentlich sehr motivierend, einem Mann in dieser Situation zu sagen: »So viele Nachkommen wirst du haben?« Ich habe eine interessante Erfahrung gemacht. Weil ich es liebe, wenn Gottes Sache weitergeht, und es mag, wenn große Kirchen brechend voll sind, habe ich ein paar Mal davon erzählt. Ich dachte, andere würden sich freuen, wenn Gott Großes tut. Aber manche Leute fühlten sich genervt. Sie schienen eher eingeschüchtert zu sein, jedenfalls nicht motiviert.

Wenn Gott Abraham verspricht: »So zahlreich sollen deine Nachkommen sein«, diesem Mann, der da am Boden liegt – was bringt das? Hätte er gesagt: »Schau mal, ich gebe dir hier einen Stern, der steht für deinen Sohn. Schau ihn täglich an und sage: ›Dieser Stern, mein kleiner Stern, ist ein Hinweis für den Sohn‹« – wäre das nicht seelsorgerlicher gewesen? Aber Gott, der keines von unseren wunderbaren Seelsorge-Seminaren besucht hat, muss seine eigenen

Gründe haben, bestimmte Dinge so zu sagen, wie er sie sagt. Meine Deutung ist diese: Gott provoziert Abraham geistlich, er reißt seinen Horizont ganz bewusst auf. Das war sicherlich in einer Weise nicht so »sensibel«, wie wir uns das mitunter wünschen, aber es war gewiss nötig: Tritt aus dem engen Zelt heraus, blick in den weiten Nachthimmel!

Kein Mensch hat von Haus aus ein weites Herz für Gott und sein Handeln. Es gibt einige, die vom Charakter und Beruf her die Fähigkeit haben, in größeren Dimensionen zu denken. Sie sind sozusagen Unternehmertypen. Aber für Gott, für Gottes Absichten haben wir von Haus aus kein riesiges Herz, sondern sind alle kleinherzig. Wir schmoren eher im eigenen Saft. Wir sind froh, wenn wir mit Gott einigermaßen über die Runden kommen. Gott sagt: »Guck dir diese Weite an! So viel habe ich für dich vorgesehen!« Wir benötigen eine geistliche Horizonterweiterung. Wir brauchen ein Herausgeführtwerden aus den engen Dimensionen unseres bisherigen Glaubens, um eine Ahnung zu bekommen, was Gott mit uns vorhat. Wir machen Gott immer kleiner, als er ist. Erlauben Sie doch Gott, Ihre Erwartung an das, was er kann, auszuweiten. Erlauben Sie ihm, aus Ihnen einen Visionär des Glaubens zu machen in dem Maße, wie Ihr Typ das zulässt. Ein Visionär ist einer, der etwas vor sich sieht, was Gott vorhat, zum Beispiel mit Ihrem Leben vorhat, was er aus Ihnen machen, wie er Sie gebrauchen möchte. Ein Martin Luther zugeschriebenes Wort, das ich sehr schön finde, lautet: »Niemand lasse den Glauben daran fahren, dass Gott durch ihn ein großes Werk tun möchte.« Sie sind nicht nur ein Rädchen im Getriebe, sondern eine geliebte, erwählte Persönlichkeit, die Gott in seinem Reich einsetzen möchte, über alles hinaus, was Sie bisher gesehen haben. Ich wünsche Ihnen diesen Glauben, dass Gott in Ihrem Leben und durch Sie und dann auch in Ihrer Gemeinde etwas vorhat, was bei weitem Ihre Erwartungen übersteigt.

Nun heißt es: »Abram glaubte dem Herrn«. Es wird nicht erklärt, wie er dazu kam. Es wird nicht erklärt, wie es möglich wurde, dass dieser zaghafte, am Boden liegende Mann in solch einer Dimension vertrauen konnte. Es war da, es passierte. Es handelte sich – wie immer in diesen Fällen – um ein Wunder. Abraham hat sich das nicht erarbeitet, es wurde ihm geschenkt. Es »leuchtete« ihm »ein«. Plötzlich war es da! Wir müssen unterscheiden zwischen dem *Versuch* zu glauben, der *Anstrengung* zu glauben, dem *Vorsatz* zu glauben und all diesen Dingen, die wir oft mit Glauben verwechseln, und der *Wirklichkeit* des Glaubens. Wenn sie da ist, versetzt sie Berge. Manche Leute sagen: »Ich habe im Glauben das und das versucht, ich habe im Glauben gebetet, aber es ist nichts passiert.« Solange die Bibel Gültigkeit besitzt, ist diese Sicht ganz und gar falsch. Wenn Sie etwas in wirklichem Glauben getan haben, ist auch immer etwas passiert. Und wenn nichts passiert ist, haben Sie nicht im Glauben gehandelt, sondern im *Wunsch* zu glauben, in dem *Bemühen,* in der *Absicht.* Jesus hat gesagt: »Alles, was ihr bittet im Gebet, glaubt aber, dass ihr's empfangen habt, dann wird es euch zuteilwerden« (Markus 11,24). Ich kann dieses klare Jesuswort nicht entschärfen. Es klingt so demütig zu sagen: »Gott erhört manche gläubigen Gebete, andere erhört er nicht.« Das ist völliger Unsinn. Er erhört alle Gebete des Glaubens. Und dass wir manche Dinge nicht erleben, hängt damit zusammen, dass wir noch nicht an dem Punkt des Glaubens angekommen waren, sondern gerungen haben um den Glauben. Wo Glaube ist, ist auch Veränderung. Wo Glaube ist, ist auch Erfahrung. Wo Glaube ist, ist auch Erhörung. Wo Glaube ist, ist auch Bewegung. Glaube verändert die Welt. Dass das manchmal anders geschieht, als wir gedacht haben, ist eine andere Sache. Aber vieles von dem, was wir Glauben genannt haben, war eben kein Glaube. Es war ehrlich, es war redlich, es war bemüht, es war ernst, aber es war nicht Glaube. Wo Glaube ist, werden die Dinge leicht, weil Gott zum Zug kommt.

Und dann heißt es hier: » . . . und das rechnete er (Gott) ihm zur Gerechtigkeit.« Das heißt, Gott sagte: »So bist du mir recht; wenn du glaubst, bist du mir recht.« Ich frage mich, was Gott am meisten von uns möchte? Manche würden das Hingabe nennen, manche Selbstverleugnung, manche Geisterfülltheit. Ich denke, was Gott vor allen Dingen möchte, ist, dass wir ihm glauben. Es gibt nichts Höheres.

Das Höchste, was Gott in uns einpflanzen will für ein ganzes Leben, ist, dass wir Menschen des Glaubens werden, die gegen alle sichtbaren Realitäten bekennen: »Aber Gott hat gesagt . . .«, und die dann mit seinem Wort vorangehen.

Wir sind Teil einer »Erlebnisgesellschaft«. Erlebnisse haben einen hohen Stellenwert. Das hat auf die Gemeinde Jesu Christi abgefärbt. Wissen Sie, was mit Menschen passiert, die Erlebnisse über Erlebnisse suchen? Sie werden süchtig, das heißt labil. Es ist viel besser, ein Mensch des Glaubens zu werden, als Erlebnisse mit Gott zu suchen. Das Suchen nach Erlebnissen wird sonst allmählich zur Krankheit. Sie müssen immer noch eins haben. Aber Gott wartet darauf, dass seine Kinder ihm vertrauen. Und wenn Sie ihm vertrauen, machen Sie neue geistliche Erfahrungen. Das ist ein ganz wichtiges Prinzip. Vielleicht werden einige von uns heutigen Christen noch in den Folterkammern einer nachdemokratischen Gesellschaft enden, und da wird uns kein erlebnissüchtiges Christentum helfen. Wer gegründet ist im Glauben an das Wort Gottes, wird beständig.

Damit bin ich beim letzten Gedanken. Zweimal ist in diesem kleinen Text vom »Wort« die Rede; sowohl Vers 1 als auch Vers 6 sprechen davon, dass Gottes Wort an Abraham erging. Warum? Weil der Glaube sich auf das Wort gründet, nur auf das Wort, auf nichts als auf das Wort. Das meint in manchen Fällen ein prophetisches Wort, das in unser Leben hineingesprochen wird. Es heißt aber in aller Regel: das Wort der Bibel. Wenn Sie etwas für Ihren Glauben tun wollen, dann füttern Sie ihn mit dem Wort Gottes: Essen Sie es, kauen Sie es, speicheln Sie es ein, nehmen Sie große Mahlzeiten, dazwischen mehrere kleine Mahlzeiten zu sich: dann wächst der Glaube. Manche Menschen bitten Jesus: »Mehre uns den Glauben«, das haben auch die Jünger Jesu einmal gebetet (Lukas 17,5). Jesus hat diesem Anliegen bekanntlich nicht entsprochen. Bei einem solchen Gebet starren wir auf unseren Glauben, aber der Glaube blickt nicht auf den Glauben, sondern auf Jesus. Wenn wir uns auf Jesus und sein Wort einlassen und Schritte des Glaubens gehen, dann wächst unser Glaube, weil Jesus groß vor uns steht. Glaube ohne das Wort: das geht nicht.

Glaube durch das Wort – das ist biblisch. Gott freut sich über Menschen, die ihm glauben. Das rechnet er ihnen als Gerechtigkeit an.

Manchmal verrät uns unsere Sprache: »Oh, Herr, rühre mich noch einmal mit deiner Liebe an!« Das ist ein Lieblingsgebet vieler Christen. Sie machen ihren Glauben daran, dass Gott sie liebt, von einem Liebeserlebnis oft körperlicher Natur abhängig. Aber Sie werden keine Stelle im Neuen Testament finden, an der Ihnen eine derartige Anschauung begegnet. Oder: »Lass mich deine Gegenwart spüren!« Nennen Sie mir einen einzigen Bibelvers, der zu einem solchen Gebet ermutigt. Gottes Gegenwart ist uns zugesagt, damit wir dieser Zusage glauben: »Siehe, ich *bin* bei euch alle Tage bis an das Ende der Welt« (Matthäus 28,20). »Glaubst du, so hast du« (Martin Luther). Das Wort macht uns zu Männern und Frauen des Glaubens, holt uns heraus aus der Infantilität unseres Christseins. Abraham glaubte dem Herrn, das rechnete er ihm zur Gerechtigkeit an: So ist es auch bei Ihnen. Sagen Sie also: »Ich will dem Herrn glauben, ich will es heute neu tun, auch in den Bereichen, wo ich müde geworden bin, wo ich dachte: Ach, das wird nichts mehr. Der Herr hat es gesagt, also gilt es für mich, und ich ergreife es neu. Herr, ich will dich ehren durch Glauben.«

Kapitel 7

Eine Feuerflamme oder: Die Zeichen des Glaubens

7 Und er sprach zu ihm: Ich bin der HERR, der dich aus Ur in Chaldäa geführt hat, auf dass ich dir dies Land zu besitzen gebe.
8 Abram aber sprach: HERR, mein Gott, woran soll ich merken, dass ich's besitzen werde?
9 Und er sprach zu ihm: Bringe mir eine dreijährige Kuh, eine dreijährige Ziege, einen dreijährigen Widder, eine Turteltaube und eine andere Taube.
10 Und er brachte ihm dies alles und zerteilte es in der Mitte und legte je einen Teil dem andern gegenüber; aber die Vögel zerteilte er nicht.
11 Und die Raubvögel stießen hernieder auf die Stücke, aber Abram scheuchte sie davon.
12 Als nun die Sonne am Untergehen war, fiel ein tiefer Schlaf auf Abram, und siehe, Schrecken und große Finsternis überfiel ihn.
13 Da sprach der HERR zu Abram: Das sollst du wissen, dass deine Nachkommen werden Fremdlinge sein in einem Lande, das nicht das ihre ist; und da wird man sie zu dienen zwingen und plagen vierhundert Jahre.
14 Aber ich will das Volk richten, dem sie dienen müssen. Danach sollen sie ausziehen mit großem Gut.
15 Und du sollst fahren zu deinen Vätern mit Frieden und in gutem Alter begraben werden.
16 Sie aber sollen erst nach vier Menschenaltern wieder hierher kommen; denn die Missetat der Amoriter ist noch nicht voll.
17 Als nun die Sonne untergegangen und es finster geworden war, siehe, da war ein rauchender Ofen, und eine Feuerflamme fuhr zwischen den Stücken hin.

> 18 An dem Tage schloss der HERR einen Bund mit Abram und sprach: Deinen Nachkommen will ich dies Land geben, von dem Strom Ägyptens an bis an den großen Strom Euphrat:
> 19 die Keniter, die Kenassiter, die Kadmoniter,
> 20 die Hetiter, die Perisiter, die Refaïter,
> 21 die Amoriter, die Kanaaniter, die Girgaschiter, die Jebusiter.
> (1. Mose 15,7-21)

Ich gehe davon aus, dass dieser Abschnitt des 15. Kapitels, der so fugenlos an die Verse 1-6 anzuschließen scheint, doch von einem späteren Geschehen erzählt. Dies kann man unter anderem daran erkennen, dass hier andere Tageszeiten vorausgesetzt werden. Aber selbst wenn diese Geschichte etwas später angesetzt werden muss, bleibt das Problem, dass Abraham die Höhe des Glaubens, die er mit Vers 6 erreicht hatte, nicht durchhielt. Von neuem kam die Frage in ihm auf: Wie kann ich Gott denn glauben, dass er seine Zusage ernst meint? Könnte er mir, sollte er mir nicht eine Glaubenshilfe geben, ein Glaubenszeichen, eine Ermutigung? Und so sagt Abraham: »Herr, mein Gott, woran soll ich merken, dass ich's besitzen werde?« Keine Frage: Die höchste Form des Glaubens besteht darin, kein Zeichen mehr zu suchen und zu brauchen. Aber das andere stimmt genauso: Es gibt vielleicht keinen Menschen auf der Erde, der diese Höhe jederzeit durchhält, ganz im Wort gegründet zu sein, das Gott gesprochen hat, und gänzlich abzusehen von allen Zeichen; der in der Dunkelheit, in der Wüste des Glaubens bekennt: »Gott hat gesprochen, und ich gründe mich ausschließlich auf sein Wort.« Immer wieder gibt es das Abrutschen. Für uns ist es tröstlich, dass dies dem Vater des Glaubens passierte. Es ist tröstlich, dass ein Petrus diese Erfahrung machte und dass wir etwas Derartiges von Paulus zum mindesten in Andeutungen wissen. Dabei rede ich nicht einmal von geistlichen Persönlichkeiten der Kirchengeschichte, die ihre Glaubensschwächen bekannt haben. Sie jubelten, wenn sie sich auf der »Höhe« des Glaubens befanden, aber sie gaben zu, dass sie sie nicht immer hielten.

Muss man nun sagen: Im Grunde hat Abraham den Glauben dadurch verraten, dass er ein Zeichen suchte? Bedeutet es einen Verrat am Glauben, ist es – direkt gefragt – Sünde, wenn man das Zeichen sucht? Da gibt es eine Menge Leute, die so denken: »Ja, das ist ein Abfall vom Glauben. Der wahre Glaube sucht keine Zeichen.« Und diese Christen – es sind sicherlich Christen – stützen sich auf eine Reihe von Bibelstellen. Ich will einige davon nennen.

Paulus schreibt in 1. Korinther 2,2, dass er den Korinthern nur Christus den Gekreuzigten verkündigt habe. Er wehrt sich gegen die Erwartungen, die Leute an ihn richteten. »Die Juden begegnen mir mit der Erwartung von Zeichen, das heißt Demonstrationen der Macht Gottes, die Griechen erwarten von mir Weisheit, das heißt vernünftige, rational einleuchtende Argumente. Die einen wollen Machtbeweise, die anderen Verstandesbeweise. Beiden gegenüber muss ich Nein sagen. Beide verweigern nämlich mit ihrer Haltung die einzig angemessene Reaktion auf das Evangelium, nämlich Glauben. Nein, ich predige Christus und lasse mich nicht durch diese Ansprüche irritieren.«

Geht aus dieser Stelle hervor, dass Zeichen dem Glauben schaden? Keinesfalls. Hier wird gesagt, dass Leute Zeichen *fordern*, und zwar, um nicht glauben zu müssen. Es gibt aber auch »Zeichen«, mit denen Gott uns in seiner Güte beschenkt oder die Gläubige erbitten. Sie fallen nicht unter die Kriterien von 1. Korinther 2.

Johannes 4,48 lesen wir ein Wort Jesu: »Wenn ihr nicht Zeichen und Wunder seht, glaubt ihr nicht.« Ohne Frage besteht eine Spannung zwischen dieser Aussage des Herrn über »die Leute« und dem Verhalten des königlichen Beamten, von dem es dann heißt: »Der Mann glaubte dem Wort, das Jesus zu ihm gesagt hatte, und ging hin« (4,50). Er ging ohne ein Zeichen. Geht nicht aus diesem Abschnitt hervor, dass das Erwarten von »Zeichen« eine Sünde ist? Nein. Man muss diese Verse nämlich im Zusammenhang des ganzen Johannesevangeliums lesen. Dann ergibt sich ein sehr differenziertes Bild. Nach dem vierten Evangelium besteht sozusagen ein Gefälle von einem Glauben, der sich an Jesu Zeichen entzündet, hin zu einem Glauben, der völlig in Jesu Wort ruht. Das stimmt. Aber der »Zeichenglaube« wird deshalb nicht verächtlich abgetan.

In Johannes 20 sagt Jesus zu Thomas, diesem Mann, der nicht dabei gewesen war, als Jesus den anderen als Auferstandener erschien, zu Thomas, der gesagt hatte: »Ich kann nicht und ich will nicht glauben, dass Jesus auferstanden ist, es sei denn, ich lege meine Finger in seine Wundmale«: »Du darfst das tun, wonach du verlangst. Ich will dir dieses Zeichen gewähren.« Thomas erschrickt, er braucht das Zeichen nicht mehr, und bekennt: »Mein Herr und mein Gott.« Dann sagt Jesus: »Weil du mich gesehen hast, glaubst du. Selig sind, die nicht sehen und doch glauben« (20,29). Geht aus dieser Stelle hervor, dass der Wunsch, etwas von der Herrlichkeit Gottes zu sehen, generell falsch ist? Durchaus nicht. Man muss beachten, dass sich in der Aussage Jesu ein Subjektwechsel vollzieht. Die erste Teilaussage richtet sich an Thomas. Sie konstatiert sachlich, dass er glaubt, weil er gesehen hat. Die zweite Teilaussage gilt der späteren Gemeinde: Sie geht von der zweiten Person zur dritten über: »Selig sind diejenigen, die glauben, ohne gesehen zu haben.« Das heißt: Uns, den Späteren, wird kein österliches Schauen mehr zuteil werden; wir sollen glauben, weil wir dem Zeugnis derer vertrauen, die den Auferstandenen gesehen haben (Thomas ist einer davon).

Johannes 12,37 heißt es: »Obwohl Jesus so viele Zeichen vor ihren Augen getan hatte, glaubten sie nicht an ihn.« Geht daraus hervor, dass Zeichen in sich sinnlos sind, dass Jesus sie sich eigentlich hätte sparen können? Nein. Das Gegenteil ist Jesu Sicht: Trotz der Zeichen, die Jesus, um ihren Glauben zu wecken, vor ihren Augen getan hatte, glaubten sie nicht; sie verweigerten Jesus das Vertrauen, obwohl seine Zeichen = Werke seine göttliche Sendung bezeugten:

»Jesus antwortete ihnen: Ich habe es euch gesagt, und ihr glaubt nicht. Die Werke, die ich tue in meines Vaters Namen, die zeugen von mir.« (Johannes 10,25)

»Tue ich nicht die Werke meines Vaters, so glaubt mir nicht; tue ich sie aber, so glaubt doch den Werken, wenn ihr mir nicht glauben wollt, damit ihr erkennt und wisst, dass der Vater in mir ist und ich in ihm.« (Johannes 10,37-38)

»Glaubt mir, dass ich im Vater bin und der Vater in mir; wenn nicht, so glaubt mir doch um der Werke willen.« (Johannes 14,11)

Markus 13,22 warnt Jesus vor der endzeitlichen Verführung. Dort heißt es: »Denn es werden sich erheben falsche Christusse und falsche Propheten, die Zeichen und Wunder tun, so dass sie die Auserwählten verführen würden, wenn es möglich wäre.« Auch die satanische Seite kann also Zeichen und Wunder tun. Bedeutet das, dass wir alle Zeichen misstrauisch betrachten müssen in der Befürchtung, dass sie im Zweifelsfalle von Satan sind? Nein, da steht nur, dass der Teufel, dieser »Affe Gottes«, das zu tun versucht, was Gott reichlich tut, und dass wir unterscheiden müssen zwischen dem einen und dem anderen.

In Offenbarung 13 ist die Rede von dem »Tier«, einer satanischen Manifestation. Und es heißt dort, dass dieses Tier große Zeichen tat; sogar Feuer ließ es vor den Augen der Menschen vom Himmel auf die Erde fallen. »Es verwirrte die Bewohner der Erde durch die Wunderzeichen, die es im Auftrag des Tieres tat. Es befahl den Bewohnern der Erde, ein Standbild zu errichten zu Ehren des Tieres, das mit dem Schwert erschlagen worden war und doch wieder zum Leben kam. Es wurde ihm Macht gegeben, dem Standbild des Tieres Lebensgeist zu verleihen, so dass das Standbild sprechen konnte« (Offenbarung 13,14-15). Hier wird gesagt, dass die satanische Macht unglaublicher Wunder fähig ist. Heißt das, Christen dürften deswegen keine wahren Gotteswunder erwarten? Nein. Wird hier gesagt, alle Wunder, die in der *Endzeit* passieren, gingen nur auf Satan zurück? Nein. Gesagt wird, dass viele solche Wunder von Satan verursacht werden und wir deshalb wachsam zu sein haben.

Die Christen, die hierbei immer zuerst an den Satan denken, vertreten ein wichtiges Anliegen, aber sie nehmen es falsch wahr. Sie schütten das Kind mit dem Bade aus. Statt zu sagen, dass Zeichen nur eine begrenzte Bedeutung haben und nicht im Mittelpunkt des Glaubens stehen, werten sie die Zeichen ab und werden damit zu frommen Bibelkritikern.

Zurück zu dem geheimnisvollen nächtlichen Vorgang in 1. Mose 15! Abraham konnte Gottes Zeichen-Sprache sehr gut verstehen, weil sie sich eines Rituals bediente, das er aus seiner Kultur kannte. Mittels eines solchen Rituals konnten sich damals zwei Bündnispartner gegenseitig ihre Verlässlichkeit bescheinigen. Der Grundgedanke dabei war folgender: »Ich verspreche hiermit, dass ich niemals meine Bündnisverpflichtung brechen werde. Sollte ich das aber dennoch tun, so bin ich bereit, genauso halbiert zu werden wie diese Tiere.« Eine drastische Geste, nicht wahr? Dieses Ritual wählte Gott, um sich Abraham gegenüber zu bezeugen! Er bekräftigte durch einen Akt der Selbstfestlegung, verbunden mit einer Selbstverfluchung für den Fall eines Treuebruchs, seinen Bund mit Abraham.

Wenn wir heute das Wort »Bund« aussprechen, meinen wir normalerweise einen Vertrag auf Gegenseitigkeit. Wenn das Alte Testament vom »Bund« redet, liegt ein anderes Verständnis vor. Das Wort meint hier keinen Vertrag zwischen zwei gleichberechtigten Partnern, sondern die Bündnisverpflichtung, die ein Stärkerer gegenüber einem Schwächeren eingeht. *Der Bund wird geschenkt!* Darum wird auch an dieser Stelle nicht gesagt, dass sie sich gegenseitig verpflichten. Es heißt sehr genau: »An dem Tage schloss der Herr einen Bund mit Abram und sprach: Deinen Nachkommen will ich dies Land geben« (15,18). Der Mächtige tut etwas für den Schwachen, der Große etwas für den Kleinen; er beschenkt ihn. Gott legt sich fest: »So gewiss wie dieses Ritual jetzt abläuft, verpflichte ich mich dir gegenüber; dieses Zeichen gebe ich dir, dass ich zu meinem Wort stehen werde. Deine Nachkommen werden dieses große, weite Land besitzen.« Die territorialen Angaben, die hier gemacht werden, beziehen sich auf das Israel zur Zeit Salomos.

Und dann passiert noch etwas. Es muss gespenstisch, mindestens aber sehr geheimnisvoll gewirkt haben. In der Dunkelheit züngeln plötzlich Feuerflammen zwischen den Tierstücken hin und her. Es ist die Rede von einer Fackel – das können wir noch verstehen – und von einem rauchenden Ofen. Dabei ist wohl an jene zylinderförmigen Öfen gedacht, auf denen die Israeliten ihr Brot backten. Diese

Öfen verjüngten sich nach oben hin, und dort befand sich eine Öffnung, aus der der Rauch heraustrat. Was drückt dieses nächtliche Geschehen aus? Mir scheint: das Feuer der Liebe Gottes verbindet sich mit dem Zeichen, züngelt umher, und Abraham weiß: So wichtig ist es Gott, dass ich ihm glaube, so sehr legt er sich fest, so ernst meint er es mit seinem Wort, solch ein großes Zeichen gibt er mir, damit ich nicht mehr zweifle: Er hält sein Wort. So tief beugt sich Gott zu Abraham hinab. So sehr tritt der Allmächtige in den Verstehenshorizont des Nomaden ein.

Gottes liebevolles Eingehen auf Abraham hat viele Parallelen in den übrigen Teilen der Bibel. Wie war das bei Mose? Als er in der Wüste seine Berufung empfing, Israel in die Freiheit zu führen, erwiderte er durchaus nicht: »Halleluja, Herr, darauf habe ich lange gewartet. Warum hast du mich nicht eher angesprochen?«, sondern ihn bewegten große Fragen. Er hatte Zweifel, ob sein Volk ihm glauben würde. In 2. Mose 4 lesen wir: »Was aber, wenn die Israeliten mir nicht glauben und nicht auf mich hören, wenn sie sagen: Jahwe ist dir überhaupt nicht erschienen? Der Herr entgegnete ihm: Was hast du da in der Hand? Er antwortete: Einen Stab. Da sagte der Herr: Wirf ihn auf die Erde. Mose warf ihn auf die Erde, da wurde der Stab zu einer Schlange, und Mose wich vor ihr zurück. Der Herr aber sprach zu Mose: Strecke deine Hand aus und fasse sie am Schwanz. Er streckte seine Hand aus und packte sie. Da wurde sie in seiner Hand wieder zum Stab« (2. Mose 4,1-4). Und Gottes Schlussfolgerung: »So sollen sie dir glauben, dass dir Jahwe erschienen ist« (Vers 5). Gott schenkt ein Zeichen, das seine Beauftragung beglaubigt.

Wie war es bei Elia? Wir erleben ihn im Kampf mit den Baalspriestern (1. Könige 18). Die Baalspriester waren in das Land durch die heidnische, tyrische Königstochter Isebel eingeschleust worden und vergifteten das Gottesvolk. Elia, der Prophet, forderte sie heraus. Es kam zu einem Kräftemessen auf dem Berg Karmel. Zwei zerstückelte Stiere wurden auf Holzscheite gelegt: einer für den Baal, einer für Jahwe, den Gott Israels. Elia goss sogar noch Wasser über »seinen« Stier. Und er kündigte an, der Gott, der Feuer auf das ihm geweihte Opfertier fallen lassen werde, der sei der wahre Gott. Die Baalspriester beteten schreiend zu ihrem Gott, bis sie in Ekstase gerieten. Elia betete ein einziges Mal, und das Feuer fiel und verzehrte sein Opfertier. Damit war die Auseinandersetzung entschieden. Gott hatte ein wirksames Zeichen gesetzt.

Wie ist das bei Jesus? Im Mittelpunkt des Wirkens Jesu stand sein Wort, das Evangelium, seine Predigt. Aber: Es war ein Wort, welches von den Zeichen und Wundern illustriert wurde, dessen Kraft sie demonstrierten. Jesu Wort ohne die Zeichen, das wäre gar nicht mehr Jesu Wort, es wäre ein anderes Wort. Jesus ist gekommen, um zu predigen *und* zu heilen; er ist gekommen, um zu reden *und* zu handeln; er ist gekommen, um etwas zu sagen, das man hören, *und* etwas zu tun, das man sehen kann. Als Johannes der Täufer im Gefängnis unsicher wird, ob Jesus der Messias ist, und ihn fragen lässt: »Bist du es, der da kommen soll, oder sollen wir auf einen anderen warten?«, da lautet seine Antwort: »Geht hin und sagt dem Johannes, was ihr hört *und seht*« (Matthäus 11,4). Dabei verweist der Herr auf seine messianischen Zeichen.

Wie ist es in der Apostelgeschichte? Man muss sie nur einmal überfliegen, dann weiß man, dass die Zeichen, die die Apostel und andere Christen taten, ganz wesentlich zur Ausbreitung der guten Botschaft beitrugen. Die Menschen glaubten, wo es mit rechten Dingen zuging, nicht an die Zeichen, sondern an Jesus, aber ihr Glaube wurde dadurch provoziert, dass sie die Zeichen sahen. Sie wurden irritiert, sie wurden aber auch innerlich aufgebrochen durch das, was sich da vor ihren Augen begab; sie fragten sich: »Was ist das für ein Gott, der so etwas tut?« So wurden sie offen für die Predigt des Evangeliums. Und Paulus? Paulus sagte nicht: »Ich predige Christus, ich predige nur Christus, ich predige nur das Wort, und alle Zeichen möge der Herr ferne von mir halten«, sondern er schrieb in Römer 15,18-19, dass seine gesamte Verkündigung immer von Zeichen und Wundern begleitet war. Es heißt dort: »Denn ich wage nur von dem zu reden, was Christus, um die Heiden zum Gehorsam zu führen, durch mich gewirkt hat, und zwar in Wort und Tat, in der Kraft von

Zeichen und Wundern, in der Kraft des Geistes Gottes. So habe ich von Jerusalem aus in weitem Umkreis bis nach Illyrien« – im späteren Jugoslawien – »überallhin das Evangelium Christi gebracht«. Stets war seine Verkündigung von Zeichen und Wundern flankiert. Das ist ein anderes Bild, als es vielen Protestanten vor Augen steht.

Wie sind wir selber Christen geworden? Geschah es dadurch, dass wir das Wort hörten und dem Wort glaubten? Nein, der Vorgang war vielschichtiger. Wir wurden dadurch Christen, dass uns Menschen begegneten, die anders waren, an denen wir etwas von der verändernden Macht Gottes sahen. Wir *sahen,* dass sie ruhiger wurden, während sie vorher Nervenbündel gewesen waren. Dass sie ausgeglichen und fröhlich wurden, während sie vorher depressiv gewesen waren. Wir sahen, dass plötzlich Klarheit in ihr Leben kam, in dem vorher Unklarheit geherrscht hatte. Dass sie von Drogen befreit wurden oder von schlechten Gewohnheiten. Wir sahen das. Wir dachten: »Das will ich auch haben.« Und dann versuchten wir herauszukriegen, wodurch sie so geworden sind. Die »fremden« Gläubigen erzählten uns, dass Jesus dahinterstehe. Unser Glaube wurde also nicht in Gang gesetzt von dem Wort, das wir hörten, sondern von den Erfahrungen anderer, die wir sahen.

In diesem Sinne beginnt der Glaube immer mit der Wahrnehmung. Sie weckt die Fragen, und die Antwort auf diese Fragen erhalten wir durch das Wort. Als wir dann Christen geworden waren, redeten wir die ersten Tage und Wochen und Monate viel vom Glauben, wussten aber kaum, was das ist. Am Anfang lebt ein Christ in seinen Erfahrungen und Gefühlen, denn Jesus überschüttet ihn in diesen ersten Wochen und Monaten wirklich mit spürbaren Segnungen. Er lernt erst wirklich glauben, wenn diese Phase abklingt, wenn die Fülle der Gebetserhörungen abnimmt, wenn Gott ihn nicht mehr so überschwänglich mit Empfindungen seiner Nähe verwöhnt und der Alltag ihn stärker einholt. Glauben woran? An das Wort! Manchen fällt das schwer. Sie sagen: »Das ist schrecklich. Diese Erlebnisse nehmen ab, diese Gefühle sind schwächer geworden, diese Hochstimmung hat nachgelassen. Was habe ich falsch gemacht? Ich muss zurück zu den früheren Erlebnissen. Wo ist die nächste christliche Konferenz?« Und wenn sie von der Konferenz nach Hause kommen, stellen sie fest, dass die Konferenzfreude auch nicht dauernd anhält.

Viele Christen haben eine Abneigung gegen den Weg des Glaubens, solange sie den Weg der Erlebnisse haben können. Glaube erscheint ihnen als »theoretisch« oder mindestens als »trocken«, Erlebnisse sind angeblich realer.

Ich habe mich entschieden, den Weg Abrahams zu gehen. Es ist der Weg des Glaubens an das Wort, auf dem wir jede dieser Freundlichkeiten Gottes mit Dankbarkeit aufnehmen – ob das ein herzlicher Brief ist, den jemand uns schreibt oder ein zugestecktes kleines Geschenk, ob das Gebetserhörungen oder Heilungen oder körperliche Freudengefühle sind. Aber dann gehen wir weiter: »Herr, du bist wichtiger als die Gaben. Du bist wichtiger als die Erlebnisse und Gefühle. Du bist das Zentrum, du in deinem Wort. Und mit diesem Wort wollen wir weitergehen, ihm wollen wir vertrauen, auch wenn zeitweilig Gefühle ausbleiben.«

Die Frage ist nicht, ob wir Zeichen lieben oder nicht. Wer Zeichen ablehnt, ist entweder stolz oder nicht informiert. Gott will Zeichen geben, immer neu will er uns sichtbare Ermutigungen schenken. Das Problem ist, ob sie uns ein Sprungbrett sind hinein in das tiefe Wasser des Glaubens.

Gott ist ein guter Gott und er behandelt jeden so, wie er es braucht. Die nächste Erfahrung seiner Liebe und das nächste Zeichen sind schon unterwegs. Dann will er uns fragen: »Glaubst du *mir*, dass ich ein guter Gott für dich bin?«

Wollen wir das: einen Weg des Glaubens gehen, die Zeichen mit großer Freude erfahren und manchmal ganz direkt erbitten: »Herr, ich brauche jetzt ein Zeichen!?« Zum Beispiel: »Bei meiner Suche nach dem neuen Arbeitsplatz brauche ich ein Zeichen von dir, Herr, und zwar bis Freitagmittag, ein Zeichen, dass es hier weitergeht mit mir.« Gott ist so gut. Und wenn die Zeichen eingetroffen sind, dann bittet er Sie: »Glaube mir selbst, denn jedes Zeichen ist doch nur eine Illustration dessen, was in meinem Wort steht: dass ich es gut mit dir meine.«

Kapitel 8

Eine Sackgasse der Eigenmächtigkeit oder: Die Geduld des Glaubens

1 Sarai, Abrams Frau, gebar ihm kein Kind. Sie hatte aber eine ägyptische Magd, die hieß Hagar.
2 Und Sarai sprach zu Abram: Siehe, der HERR hat mich verschlossen, dass ich nicht gebären kann. Geh doch zu meiner Magd, ob ich vielleicht durch sie zu einem Sohn komme. Und Abram gehorchte der Stimme Sarais.
3 Da nahm Sarai, Abrams Frau, ihre ägyptische Magd Hagar und gab sie Abram, ihrem Mann, zur Frau, nachdem sie zehn Jahre im Lande Kanaan gewohnt hatten.
4 Und er ging zu Hagar, die ward schwanger. Als sie nun sah, dass sie schwanger war, achtete sie ihre Herrin gering.
5 Da sprach Sarai zu Abram: Das Unrecht, das mir geschieht, komme über dich! Ich habe meine Magd dir in die Arme gegeben; nun sie aber sieht, dass sie schwanger geworden ist, bin ich gering geachtet in ihren Augen. Der HERR sei Richter zwischen mir und dir.
6 Abram aber sprach zu Sarai: Siehe, deine Magd ist unter deiner Gewalt; tu mit ihr, wie dir's gefällt. Als nun Sarai sie demütigen wollte, floh sie von ihr.
7 Aber der Engel des HERRN fand sie bei einer Wasserquelle in der Wüste, nämlich bei der Quelle am Wege nach Schur.
8 Der sprach zu ihr: Hagar, Sarais Magd, wo kommst du her, und wo willst du hin? Sie sprach: Ich bin von Sarai, meiner Herrin, geflohen.
9 Und der Engel des HERRN sprach zu ihr: Kehre wieder um zu deiner Herrin und demütige dich unter ihre Hand.
10 Und der Engel des HERRN sprach zu ihr: Ich will deine

Nachkommen so mehren, dass sie der großen Menge wegen nicht gezählt werden können.

11 Weiter sprach der Engel des HERRN zu ihr: Siehe, du bist schwanger geworden und wirst einen Sohn gebären, dessen Namen sollst du Ismael nennen; denn der HERR hat dein Elend erhört.

12 Er wird ein wilder Mensch sein; seine Hand wider jedermann und jedermanns Hand wider ihn, und er wird wohnen all seinen Brüdern zum Trotz.

13 Und sie nannte den Namen des HERRN, der mit ihr redete: Du bist ein Gott, der mich sieht. Denn sie sprach: Gewiss hab ich hier hinter dem hergesehen, der mich angesehen hat.

14 Darum nannte man den Brunnen »Brunnen des Lebendigen, der mich sieht«. Er liegt zwischen Kadesch und Bered.

15 Und Hagar gebar Abram einen Sohn, und Abram nannte den Sohn, den ihm Hagar gebar, Ismael.

16 Und Abram war sechsundachtzig Jahre alt, als ihm Hagar den Ismael gebar. (1. Mose 16,1-16)

Der Glaube existiert im Raum des Natürlichen, aber er lebt aus dem Übernatürlichen. Das ist sein Ursprung. Dorther gewinnt er seine Schau. Manchen Menschen gegenüber muss man das nicht sonderlich betonen; sie neigen sowieso dazu, übergeistlich zu sein. Sie lieben das Wunderbare. Sie reden immer an den unpassenden Stellen »von dem Herrn«, dort etwa, wo sie selber etwas tun sollten. Sie besitzen keinen festen Kontakt mit der Realität, weil sie eigentlich Angst vor ihr haben. Ihr übergeistliches Reden ist ein Ausdruck dieser Angst. Sie brauchen die »Wolke sieben«, auf der sie sich besonders wohl fühlen, weil es ihnen da unten zu dreckig und zu bedrohlich ist. Solche Christen würden meiner These sofort zustimmen, dass der Glaube aus dem Übernatürlichen lebt, aber sie gehen falsch mit ihr um, weil sie eine Haltung noch nicht gelernt haben, die ich gern so umschreiben möchte: Das Herz des Christen soll im Himmel sein, aber seine Füße sollen fest auf der Erde stehen. Diese Christen brauchen Veränderung. Für sie müsste Erlösung zunächst bedeuten: Mut gewinnen zur Realität, Mut, mit Jesus eigene Probleme anzugehen, statt sie weiträumig zu umfahren oder zu überfliegen, dem Alltag standzuhalten, weil der Alltag der Ort ist, an dem der Glaube sich bewähren muss. Diese Christen müssen lernen, dass der Glaube sich im Natürlichen ausgestaltet. Wo sonst?

Aber all dies ändert nichts an der Kernaussage, dass der Glaube aus dem Übernatürlichen lebt und über alles hinausgreift, was wir »hier unten« erkennen. Er ist mehr als Erfahrung, er hat es mit einer Welt zu tun, die mehr ist als Logik, er geht über alle Gefühle hinaus und übersteigt das, was Menschen sich vorstellen. Deswegen bedeutet er immer wieder ein Risiko, deswegen wird er oft verlacht und häufig fallen gelassen.

Abraham bekommt von Gott die Zusage, dass er auf übernatürliche Weise zu einem Sohn kommen soll, und das heißt, auf ihn bezogen: auf dem Weg des Glaubens. Gott will ihm den Sohn schenken trotz seines hohen Alters, trotz der altersbedingten Gebärunfähigkeit Saras, also abseits der üblichen biologischen Erfahrungen. Abraham hält es eine Zeit lang aus, auf dieses Wunder zu warten, in der Welt des Übernatürlichen zu verharren. Bis jemand, den er sehr liebt, ein naher Mensch, seine Frau, ihm einen ungeistlichen Vorschlag macht. Alles, was Sara sagt, ist vernünftig. Sie erklärt, der Herr habe ihr Kinder versagt; präzise wäre es gewesen, sie hätte »bisher versagt« gesagt, aber sie meint eben »versagt«, weil für sie das Thema abgeschlossen ist. Sie findet: »Ich hab lange genug gewartet, jetzt reicht's. Du musst dir mal klarmachen, Abraham, dass dein Glaube *eine* Sache ist, aber die Folgen muss ich ausbaden. Ich bin eine orientalische Frau, und es ist eine Schande für mich, kein Kind zu haben. Darum mache ich dir einen Vorschlag.« Der Vorschlag, den sie macht, klingt für unsere Ohren schräg: »Geh zu meiner Leibmagd, sei mit ihr sexuell intim, und wenn du dann einen Sohn gezeugt hast, soll er als mein Kind gelten.« Nach damaligem Rechtsverständnis war Saras Empfehlung nicht nur legal, sondern auch moralisch unangreifbar. Es hatte überhaupt nichts Anrüchiges an sich, dass, wie man sagte, die Leibmagd auf den Knien ihrer Herrin das Kind zur Welt brachte, das dann das Kind der Herrin wurde. Der biologische Aspekt spielte in diesem Zusammenhang keine Rolle, wohl aber der menschliche, soziale. Sara wollte so oder so zu ihrem Sohn kommen, und hier hatte sie ein Rechtsmittel in der Hand, das spielte sie aus.

In Wahrheit lockte sie Abraham vom Weg des Glaubens weg. Sie führte ihn aus dem Übernatürlichen zurück ins Natürliche, dorthin, wo die Dinge überschaubar werden, wo man sie selber in die Hand nehmen und sie regeln kann. Sie sagte: »Wenn Gott uns nicht auf übernatürliche Weise einen Sohn gibt, dann verschaffen wir uns auf natürliche Weise einen. Schließlich verfügen wir über die Mittel dazu.«

Wenn ich das lese, fällt mir ein anderer Mann ein, der auch an der falschen Stelle auf seine Frau hörte. Wir kennen ihn alle; auf den ersten Seiten der Bibel ist von ihm die Rede. Ich möchte nicht den Eindruck aufkommen lassen, als wären die Frauen grundsätzlich die Verführerinnen und die Männer die Verführten, als wären die Frauen grundsätzlich schwach im Glauben und die Männer stark – es gibt reichlich Beispiele für das Gegenteil. Es geht mir darum, dass die Versuchung oft aus unserem engsten Kreis kommt, von Kindern, Vätern, Müttern, vom Ehemann oder von der Ehefrau, von denen, die wir nicht gerne verlieren möchten, deren Urteil uns wichtig ist, die wir lieben und die uns dann sagen: »Das mit deinem Glauben ist doch ein bisschen übertrieben. Da kommt nichts mehr heraus, das dauert schon zu lange, da hast du dir eine Grille in den Kopf setzen lassen. Das alles ist völlig unrealistisch. Komm doch mal auf den Teppich, mein Lieber.« Indem Abraham sich an dieser Stelle dem Rat seiner Frau öffnete, verließ er den Weg des Glaubens. Er log nicht, er betrog nicht, er handelte nicht egoistisch und selbstsüchtig, er bog nur einfach vom Weg des Glaubens ab und wurde dadurch schuldig, denn Gott hatte ihm einen anderen Weg vorgegeben.

Es gibt sicher viele Bereiche, in denen wir einfach das tun sollen, was vernünftig ist, was auf der Hand liegt und die Lebenserfahrung uns gelehrt hat; hier brauchen wir nicht lange betend nach dem Willen Gottes zu suchen. Keine Hausfrau, die einigermaßen bei Trost ist, wird den Herrn morgens fragen, ob sie ihrer Familie denn heute Mittag das Essen kochen solle. Und ein Angestellter wird auch nicht ein prophetisches Wort erbitten, ob er am Montagmorgen zu seiner Arbeitsstätte gehen solle. Es gibt so viele Dinge, die tun wir, weil sie selbstverständlich sind. Aber wenn Gott uns an einer Stelle den Weg des Glaubens gezeigt hat, dann ist es wichtig, dass wir ihn auch wirklich gehen und nicht aus Ungeduld zur Selbsthilfe schreiten.

Wie falsch Saras Vorschlag war, erkennt man unter anderem an den tragischen Folgen. Es sind fünf unglückliche Konsequenzen, die sich aus dieser Fehlentscheidung ergeben:

Erstens: Die Sklavin Hagar verletzt ihre Herrin. Wörtlich heißt es, dass Sara »gering« erschien in ihren Augen«. Sie blickte auf Sara herab: »Na, wer hat denn den Sohn, du oder ich?« Sie demütigte ihre Herrin. Um so etwas zu bewerkstelligen, brauchte sie gar nicht viel zu tun; es genügten gewisse Blicke und eine oder zwei Bemerkungen, die zeigen sollten: Hagar ist jetzt die Nummer. eins, denn sie wird das Kind zur Welt bringen, also dürfte sie dem Herzen des Abraham näher stehen. Und so beleidigt sie, obwohl sie doch nur ein Werkzeug des schöpferischen Tuns Gottes ist, ihre Herrin.

Zweitens: Dies führt nun wieder dazu, dass Sara Hagar hasst. Sie weiß: »Das muss ich mir nicht bieten lassen. Ich bin die Frau des Abraham.« Sara drückt es so aus: »Das Unrecht«, sagt sie zu ihrem Mann, »das ich erfahre, das komme auf dich. Ich habe dir meine Magd überlassen. Kaum merkt sie, dass sie schwanger ist, so verliere ich schon an Achtung bei ihr. Der Herr entscheide zwischen mir und dir.« Aus der ersten Fehlentscheidung folgt die zweite: Sara hasst Hagar.

Drittens: Abraham, der vielleicht ein zu Kompromissen neigender Mensch ist, greift nun nicht durch, stellt sich nicht auf die Seite seiner Frau und weist Hagar nicht zurecht, sondern wählt den bequemen Weg. Er sagt zu seiner Frau: »Siehe, deine Magd ist unter deiner Gewalt; tu mit ihr, wie dir's gefällt.« Das ist falsch. Er hätte ein klärendes Wort sprechen, hätte zur Versöhnung anhalten, Hagar an ihre Pflichten als Magd erinnern müssen. Das tut er nicht, sondern liefert sie ungeschützt Saras Händen aus.

Viertens: Daraus ergibt sich, dass Sara ihre Sklavin heruntermacht. Die hält das nicht mehr aus, sie fühlt sich unter Druck. Kein Wunder, dass Hagar die Flucht ergreift und in die Wüste ausweicht.

Fünftens: Dies wiederum ist nicht nur einfach ein Versuch, ihre Haut zu retten. Es bedeutet einmal, dass sie dem Sohn, der unter ihrem Herzen lebt, kein Zuhause geben kann, und zum anderen, dass sie sich ihren Pflichten entzieht. Eigenmächtig wählt sie ihren Weg. Der Engel des Herrn muss sie später darauf hinweisen.

Ist es nicht bedrückend, wie aus *einer* Fehlentscheidung so viele weitere Fehlentscheidungen erwachsen? Andere Menschen werden in Mitleidenschaft gezogen. Wenn die zum Glauben Berufenen nicht den Weg des Glaubens weitergehen, haben sogar Dritte das auszubaden.

Manchmal empfinden wir umgekehrt: Wenn wir konsequent den Weg des Glauben gehen, dann leiden andere darunter. In der Tat ist es oft so: Wenn bestimmte Menschen mit Gott vorangehen, werden andere zunächst einmal dadurch traurig. Nur: Dürfen wir ihnen das ersparen? Was würde das heißen? Es würde doch heißen, dass wir besser wissen, was für die anderen gut ist, als Gott. Wenn ein Mensch konsequent Jesus Christus nachfolgt, gibt es eine Menge anderer Leute, die darüber ehrlich bekümmert sind: Mütter zum Beispiel, die sich Sorgen machen um ihre Söhne, weil die jetzt »in eine Sekte geraten sind«, oder Männer, die sich Sorgen um ihre Ehefrauen machen, weil die jetzt angeblich »so fanatisch« sind. Man muss diese Sorgen als Sorgen ernst nehmen! Aber wenn Sie einem anderen diesen Kummer ersparen wollen, weil Sie merken: »Ach, ich tu ihm ja weh« – dienen Sie ihm dann wirklich?

Ich kenne eine junge Frau, die verlobt war. Die öffentliche Bekanntgabe ihrer bevorstehenden Trauung war bereits erfolgt. Dann wurde ihr klar, was es bedeutete, dass der Mann, den sie heiraten wollte, nicht mit Jesus lebte. Sie löste diese Beziehung auf. Ich bin sicher, das hat den jungen Mann sehr geschmerzt. War ihr Schritt deshalb falsch? Die Nachfolge Jesu Christi hat ihren Preis.

Es kann sein, dass Ihr Gehorsam gegen Gott andere etwas kostet und dass Sie davor zurückscheuen, weil Sie vielleicht zu harmonieorientiert, vielleicht sogar ein bisschen harmonie-süchtig sind. Aber wenn Sie so reagieren, tun Sie gerade nicht das Beste für die anderen, sondern allenfalls das Zweit- oder Drittbeste. Wir können anderen nur dadurch wirklich dienen, dass wir dem, was Gott uns gezeigt hat, auch folgen.

Wie ging diese Geschichte aus? Zunächst ist es staunenswert, wie liebevoll Gott auch hier reagiert. Abraham hat nun also erneut versagt, aber Gott tritt auch jetzt nicht zu ihm und sagt: »Nun langt es mir aber endgültig. Ich hasse deine Kompromisse. Für mich bist du nicht mehr der werdende Vater des Glaubens. Du bist ein Mann, der versucht hat, Glauben zu lernen, aber zu oft versagt hat.« Kein Wort der Kritik fällt hier vonseiten Gottes. Gott ist ohne Frage traurig über Abrahams Verhalten, aber er lässt ihn nicht fallen. Und auch die Magd bekommt eine große Portion Segen mit: Sie wird zur Mutter der Ismaeliterinnen und Ismaeliter, verschiedener Nomadenstämme, die hier sehr prägnant beschrieben werden, nämlich als ein Stamm, der die Züge eines Wildesels trägt. Der Vergleich mit dem Wildesel ist an unserer Stelle durchaus positiv gemeint: Er drückt unbändigen Lebensmut und innere Unabhängigkeit aus. Es muss wohl in Israel auch ein wenig Bewunderung für diese Menschen gegeben haben, deren Stammmutter Hagar war.

So könnte man beinahe sagen, alles Dunkle an dieser Geschichte löse sich in Wohlgefallen auf. Und doch war es nicht so.

Seit dieses Kind auf der Welt ist, muss Abraham sich jedes Mal, wenn er es ansieht, sagen: »Das ist nicht der Sohn, den Gott für mich eigentlich vorgesehen hatte. Dieser Sohn ist wie ein Spiegel, in dem ich erkenne: Ich wollte die Dinge selber in die Hand nehmen. Ich konnte nicht warten.« (Ich hoffe, dass Abraham nicht das getan hat, was manche Väter machen: solch ein Kind dann abzulehnen.)

Die geistliche Lektion: Es lohnt sich, auf Isaak zu warten; es lohnt sich auf das zu warten, was Gott Ihnen auf dem Weg des Glaubens – und eben nur so – geben will. Der Isaak, den Gott Ihnen gibt, ist kostbarer als der Ismael, den Sie sich nehmen.

Kapitel 9

Unterordnung und Vertrauen oder: Zwei Dimensionen des Glaubens

1 Als nun Abram neunundneunzig Jahre alt war, erschien ihm der HERR und sprach zu ihm: Ich bin der allmächtige Gott; wandle vor mir und sei fromm.
2 Und ich will meinen Bund zwischen mir und dir schließen und will dich über alle Maßen mehren.
3 Da fiel Abram auf sein Angesicht. Und Gott redete weiter mit ihm und sprach:
4 Siehe, ich habe meinen Bund mit dir, und du sollst ein Vater vieler Völker werden.
5 Darum sollst du nicht mehr Abram heißen, sondern Abraham soll dein Name sein; denn ich habe dich gemacht zum Vater vieler Völker.
6 Und ich will dich sehr fruchtbar machen und will aus dir Völker machen, und auch Könige sollen von dir kommen.
7 Und ich will aufrichten meinen Bund zwischen mir und dir und deinen Nachkommen von Geschlecht zu Geschlecht, dass es ein ewiger Bund sei, so dass ich dein und deiner Nachkommen Gott bin.
8 Und ich will dir und deinem Geschlecht nach dir das Land geben, darin du ein Fremdling bist, das ganze Land Kanaan, zu ewigem Besitz, und will ihr Gott sein.
9 Und Gott sprach zu Abraham: So haltet nun meinen Bund, du und deine Nachkommen von Geschlecht zu Geschlecht.
10 Das aber ist mein Bund, den ihr halten sollt zwischen mir und euch und deinem Geschlecht nach dir: Alles, was männlich ist unter euch, soll beschnitten werden;
11 eure Vorhaut sollt ihr beschneiden. Das soll das Zeichen sein des Bundes zwischen mir und euch.

12 Jedes Knäblein, wenn's acht Tage alt ist, sollt ihr beschneiden bei euren Nachkommen. Desgleichen auch alles, was an Gesinde im Hause geboren oder was gekauft ist von irgendwelchen Fremden, die nicht aus eurem Geschlecht sind.
13 Beschnitten soll werden alles Gesinde, was dir im Hause geboren oder was gekauft ist. Und so soll mein Bund an eurem Fleisch zu einem ewigen Bund werden.
14 Wenn aber ein Männlicher nicht beschnitten wird an seiner Vorhaut, wird er ausgerottet werden aus seinem Volk, weil er meinen Bund gebrochen hat.
15 Und Gott sprach abermals zu Abraham: Du sollst Sarai, deine Frau, nicht mehr Sarai nennen, sondern Sara soll ihr Name sein.
16 Denn ich will sie segnen, und auch von ihr will ich dir einen Sohn geben; ich will sie segnen, und Völker sollen aus ihr werden und Könige über viele Völker.
17 Da fiel Abraham auf sein Angesicht und lachte und sprach in seinem Herzen: Soll mir mit hundert Jahren ein Kind geboren werden, und soll Sara, neunzig Jahre alt, gebären?
18 Und Abraham sprach zu Gott: Ach dass Ismael möchte leben bleiben vor dir!
19 Da sprach Gott: Nein, Sara, deine Frau, wird dir einen Sohn gebären, den sollst du Isaak nennen, und mit ihm will ich meinen ewigen Bund aufrichten und mit seinem Geschlecht nach ihm.
20 Und für Ismael habe ich dich auch erhört. Siehe, ich habe ihn gesegnet und will ihn fruchtbar machen und über alle Maßen mehren. Zwölf Fürsten wird er zeugen, und ich will ihn zum großen Volk machen.
21 Aber meinen Bund will ich aufrichten mit Isaak, den dir Sara gebären soll um diese Zeit im nächsten Jahr.
22 Und er hörte auf, mit ihm zu reden. Und Gott fuhr auf von Abraham.
23 Da nahm Abraham seinen Sohn Ismael und alle Knechte, die im Hause geboren, und alle, die gekauft waren, und alles, was

> männlich war in seinem Hause, und beschnitt ihre Vorhaut an eben diesem Tage, wie ihm Gott gesagt hatte.
> 24 Und Abraham war neunundneunzig Jahre alt, als er seine Vorhaut beschnitt.
> 25 Ismael aber, sein Sohn, war dreizehn Jahre alt, als seine Vorhaut beschnitten wurde.
> 26 Eben auf diesen Tag wurden sie alle beschnitten, Abraham, sein Sohn Ismael,
> 27 und was männlich in seinem Hause war, im Hause geboren und gekauft von Fremden; es wurde alles mit ihm beschnitten.
> (1. Mose 17,1-27)

Die Geschichte beginnt mit einer Zeitangabe. Es wird darauf hingewiesen, dass Abraham ein neues Reden Gottes hörte, als er 99 Jahre alt war. Das lässt uns fragen: Wann hörte Abraham Gott zum ersten Mal? Die Antwort lautet: 24 Jahre vorher. 24 Jahre lang geht er also seinen Weg mit Gott. Wie lange braucht man, um ein Vater des Glaubens zu werden? Ich habe keine Antwort, die sich nach Jahren bemisst. Ich glaube, diese Reife kann in weniger als einem Vierteljahrhundert geschenkt werden. Was genau ist denn ein Vater des Glaubens oder ein Vater im Glauben? Es ist jemand, der sich auf das Wort Gottes so gründet, dass er Halt gewinnt und anderen Halt gibt. Jemand, der von der Verlässlichkeit Gottes so überzeugt ist, dass er im Alltag mit dieser Verlässlichkeit lebt und andere einlädt, sich ebenfalls auf Gott zu verlassen. Es ist jemand, dessen Wurzeln in das Erdreich der Gnade eingesenkt sind und der damit für andere zum schattenspendenden Baum wird.

Wer von uns würde gerne ein Vater oder eine Mutter des Glaubens werden? Ich bin mir nicht so sicher, dass jeder Christ etwas Derartiges für erstrebenswert hält. Mancher mag mehr den Anspruch spüren, der in einer solchen Frage steckt, als die Verlockung, anderen zum Orientierungspunkt zu werden. Dennoch ist es wichtig zu erkennen, dass wir uns die Dinge hier nicht aussuchen können. Lasse ich zu, dass Gott mich zur geistlichen Reife führt? Es gibt Babys des

Glaubens, Teenager und junge Erwachsene, es gibt Väter und Mütter des Glaubens. Gott will, dass wir ihm erlauben, uns so fest auf das Wort zu gründen, so in uns zu wirken, uns so zu prägen, dass wir Väter und Mütter des Glaubens werden.

Geistliche Reifung hängt zwar auch, aber nicht ausschließlich von der äußeren Dauer des bewussten Christseins ab. Sie hängt vor allem davon ab, wie treu wir mit Gott leben. Man kann zehn Jahre nach seiner Bekehrung noch nicht wesentlich weiter sein als andere nach, sagen wir, vier Jahren. Warum? Weil man den größeren Teil der Zeit durch Halbherzigkeit vertan hat. Umgekehrt ist es möglich, ein radikales Glaubensleben zu führen und so zwar nicht in drei oder fünf Jahren, aber rascher als andere zu geistlicher Reife zu gelangen. Dann werden sich Menschen an Sie wenden, Ihre Nähe, Ihren Rat und Trost suchen, und, was wichtiger als Trost ist: Sie werden von Ihnen Worte hören, durch die sie im Glauben weiterkommen.

Gott macht Abraham auch in diesem Kapitel Zusagen, die er ihm bereits vorher gemacht hat. Da ist einmal die Landverheißung: »Ich werde dir das Land schenken. Du musst nicht mehr ein Nomade sein.« Nomaden bewegten sich am Rande oder zwischen der landansässigen Bevölkerung. Sie lebten sozusagen ein dauerhaftes Provisorium. Gott verspricht: Ich will dir ein Zuhause geben. Was könnte das für uns heißen?

Für uns, die wir in der Zeit des Neuen Bundes leben, geht es vorrangig um eine innere Heimat, ein inneres Zuhause. Wo findet sich das anders als bei Gott? Wenn Sie zu Hause bei Gott erleben, dann kommen Sie als Single abends in Ihre leere Wohnung zurück und müssen nicht sagen: »Was bin ich doch für ein bemitleidenswerter Mensch! Ich habe niemanden, mit dem ich jetzt über meine Erfahrungen und Gefühle reden kann.« Stattdessen geht Ihnen durch den Kopf: »Jetzt bin ich in meiner Wohnung und zugleich mit Gott allein. Ich habe mein Zuhause. Ich muss es nicht erst bei einem Menschen des anderen Geschlechtes suchen. Mit Gott kann ich alles besprechen, was mir wichtig ist.« Aber Alleinsein muss nicht gleichbedeutend mit Einsamkeit sein. Sie kommen zu Gott und damit nach

Hause. Sie schütten ihm Ihr Herz aus, Sie fühlen sich von ihm verstanden, Sie empfangen seine Liebe, ruhen sich bei ihm aus, tanken auf. Wer sein Zuhause bei Gott hat, muss in Krisenzeiten nicht alles vom Verständnis des Ehepartners abhängig machen. Was meine Frau oder mein Mann nicht versteht, wo sie oder er mir nicht helfen kann, das kann ich mit Gott besprechen. Er weiß, wie es mir geht, er »versteht meine Gedanken von ferne«. Und er will mich davor bewahren, den Menschen neben mir zu überfordern, ihn zum Ersatz für Gott zu machen.

Die Landverheißung ist das eine. Gott spricht aber auch davon, dass eine Generationenfolge von Abraham ausgehen wird, dass er in diesem Sinn eine große Zukunft hat. Ich weiß nicht, wen eine derartige Zusage heute begeistern würde. Was früher »Kindersegen« genannt wurde, scheint für den größten Teil der Deutschen heute »Strafe« zu bedeuten. Ich persönlich liebe Familien mit vielen Kindern. Sie sind Zeichen einer alternativen Gesinnung in einer kinderfeindlichen Zeit. Christliche Gemeinden in Mitteleuropa sollte man rein äußerlich daran erkennen, dass es dort auffällig viele Kinder gibt und dass die Kleinen willkommen sind. Allerdings geht es für Abraham beim Thema »Nachkommenschaft« nicht bloß sozusagen um ein »Familienproblem«. Berücksichtigen wir, dass der Vater des Glaubens – in seiner Zeit – noch keine Offenbarung über ein Leben nach dem Tode besaß, so rührt das Stichwort »Nachkommenschaft« an sein Selbstwertgefühl! Abraham bekommt hier nämlich die Zusage, dass seine Existenz über den Tod hinaus verlängert werden soll: Seine Nachkommen garantieren seine eigene Zukunft. Blieben sie aus, so würde sein Leben gleichsam verwehen.

Gott sagt: »Du bist wichtig.« Es geht nicht so sehr um die Frage, ob es ein Leben mit vielen Kindern oder ohne ein Kind für Sie gibt. Sie sind in jedem Fall wichtig und für Gott bedeutsam. Viele Christen sind tief innen von ihrer Nichtigkeit überzeugt. Sie erscheinen sich selber als völlig unbedeutend und meinen mehr oder weniger bewusst, dies gelte auch vor Gott. Gehören Sie dazu? Halten Sie es für ein Zeichen von Demut zu sagen: Ich bin eine Null, ein Staubkorn, eine zerbrochene Scherbe? Ich sehe das anders. Ich glaube, dass es ein Zeichen von Demut ist zu sagen: Ich bin ganz abhängig von Gott, aber ich bin ihm sehr wichtig, denn er liebt mich. Wenn ich für ihn Großes leiste, dann liebt er mich, und wenn ich nichts schaffe, liebt er mich ebenso. Im Neuen Bund hängt unsere »Wichtigkeit« nicht mehr damit zusammen, wie viele Kinder wir haben; sie hängt aber auch nicht von anderen weltlichen oder geistlichen Leistungen ab, etwa von der Zahl der Menschen, die wir zu Christus geführt oder der Position, die wir in der Gemeinde haben. Solche Faktoren sind nicht gleichgültig, aber sie verschaffen uns nicht unseren Wert. Die Bibel bezeugt, dass es Gott ist, der uns unseren Wert verleiht. Der schwächste und der stärkste Christ, derjenige, der vor Kraft strotzt und der andere, der sich verbraucht und schwach vorkommt: Sie sind beide für Gott gleich wichtig und gleich wertvoll.

Schließlich sagt Gott zu Abraham – und diese Zusage lasen wir bisher noch nicht: »Ich will dir Gott sein.« Es ist ein großer Unterschied, ob Sie glauben, dass es Gott gibt, oder dass Gott für Sie Gott ist, dass er Ihr Gott ist. Das eine (Gott gibt es) ist eine theoretische Aussage, das andere (Gott ist für dich da) ein persönlicher Zuspruch. Wie kam Israel zu der Erkenntnis, dass Jahwe sein Gott sei? Durch seine Befreiungstat in Ägypten. Damals, als Israel in Gefangenschaft lebte, glaubte es wie andere auch, dass es viele Götter gebe. Jahwe hat Israel erst nach und nach zu der – monotheistischen – Erkenntnis geführt, dass er der eine, der einzige Gott ist. Aber er war es, der die Israeliten bei der Hand und durch Mose aus Ägypten herausführte! Das war der Gott der Befreiung, das war *ihr* Gott, das war *Gott für sie,* und damals sagten sie: Dem wollen wir uns anvertrauen. Es begann mit Erfahrung, nicht mit »Theologie«. Sie erlebten, dass dieser Gott sich um sie kümmerte und ihr Helfer wurde. Daraufhin »folgten« sie ihm »nach«. Das 1. Gebot heißt nicht: »Ich bin der Herr, dein Gott, du sollst keine anderen Götter neben mir haben!«; es lautet vielmehr: »Ich bin der Herr, dein Gott, der dich aus Ägyptenland geführt hat, aus dem Hause der Knechtschaft: du sollst keine anderen Götter haben neben mir« (2. Mose 20,2-3). – Was also Israel als

Ganzes unter Mose empfängt, das gewährt Gott dem Abraham: das Versprechen, sein zugewandter, helfender, starker Gott zu sein. Und diese Zusage können wir direkt auf uns übertragen!

Wie sieht die Antwort auf den Bund aus? Ich finde in diesem Text zwei Dimensionen der Antwort. Beide sind – aus unterschiedlichen Gründen – für uns Heutige nicht leicht zu begreifen. Die eine Seite dieser Antwort heißt: Beschneidung. Die Juden lassen sich beschneiden. Aber während die Beschneidung als solche weit über Israel hinaus verbreitet war und ist, hat sie hier Bedeutung als »Bundeszeichen« erlangt. Die israelitischen Männer sind beschnitten, das heißt, die Vorhaut ihres Penis wurde entfernt. Auf den ersten Blick erscheint das als etwas sehr Zufälliges. Warum hat Gott nicht entschieden: Das Erkennungszeichen des Bundes besteht darin, dass jeder von euch eine Kerbe im rechten Ohrläppchen hat? Das hätten auch Außenstehende mit einem Blick erkennen können. Oder: Warum befahl Gott nicht, sie sollten sich einen Kreis auf der Stirn einritzen, so dass man die Narbe ein Leben lang wahrnehmen könnte? Warum musste das Bundeszeichen so vollzogen werden, wie es uns bekannt ist, und warum am 8. Tag? Warum nicht am 4. oder am 12. Tag?

Nun, Gott hatte es so beschlossen. Vielleicht fallen uns – nachträglich – allerlei vernünftige Gründe für diese Prozedur ein. Doch »lösen« sie das »Problem« nicht. Entscheidend bleibt: Gott hat es gewollt. Es gibt Zeichen, die Gott gesetzt hat. Dazu gehört für Christen zum Beispiel die Taufe. Ist es denn so selbstverständlich, dass Menschen in einen Fluss, einen See oder ein Becken steigen und einmal oder dreimal untergetaucht werden? Ginge das nicht auch »ohne«? Welchen Einfluss soll ein äußerer Ritus auf meine Beziehung zu Gott haben? So könnte man doch fragen. Und ich verstehe junge Christen, die sagen: »Die Taufe ist für mich irgendwie nicht dran, ich spüre in meinem Herzen (noch) keine Notwendigkeit dafür.« Meine Antwort lautet: »Das musst du auch gar nicht in deinem Herzen spüren, das steht in der Bibel. Du musst es nur nachlesen: Gott will, dass die, die zu Jesus gekommen sind, auch die Taufe empfangen. Weil Gott es will, darum tun wir es.« Ohne Frage sind wir Gott nicht gehorsam, wenn wir die von ihm eingesetzen Zeichen nur so weit ehren, wie sie uns einleuchten.

Oder denken wir an das Abendmahl. Jeder von uns kann sich zu Hause etwas »Nahrhaftes« zuführen, etwa einen Keks oder einen Schluck Wein bzw. Saft. Welchen Sinn soll es haben, einmal im Monat oder Sonntag für Sonntag eine kleine Oblate zu essen und einen Schluck aus einem Kelch zu trinken? Was hat das mit dem Geheimnis des Glaubens zu tun? Ist das nicht etwas völlig Äußerliches? Nein, Gott hat entschieden, dass an solche äußerlichen »Elemente« geistliche Segnungen gebunden sind. Warum hat Jesus nicht befohlen: »Nehmt Kartoffelchips und Coca-Cola?« Es genügt wohl doch nicht zu sagen: Weil es das wunderbare Knabberzeug und dieses gesegnete Getränk aus Amerika damals noch nicht gab. Hätte Jesus nicht sagen können: Esst ein Stück Honigkuchen und trinkt einen Schluck Schafsmilch – das soll euer Abendmahl sein? Nein, er hat es anders »eingesetzt«. Es gibt Zeichen, die Gott gestiftet hat, und wir sollen sie so nehmen und ehren, wie der Herr sie festlegte.

Abraham begreift und handelt an dieser Stelle schnell. Noch am selben Tage tut er, was ihm aufgetragen ist. Dabei ist das Ganze eine blutige Sache. Ich täusche mich wohl nicht, wenn ich sage: So gern hat er es gewiss nicht getan, denn die Beschneidung verursacht Schmerzen. Es waren damals viele Menschen, an denen diese Operation vollzogen werden musste. Dann kam die Wundbehandlung. Abraham war über Stunden beschäftigt, bis er diesen Gehorsamsschritt getan hatte. Gott hatte es gewollt, so folgte er seinem Geheiß.

Es gibt zwei Seiten unserer Antwort auf den Bund. Da ist die eine Seite: dass wir Dinge tun, von denen wir wissen: Gott will das, es gehört dazu. Aber es gibt eine andere Seite. Da geht es nicht so sehr um äußere Vorgänge, sondern um die innerste Herzensstellung zu Gott. Ich spiele an auf die Stelle, wo Gott zu Abraham sagt: »Ich will dir einen Sohn geben durch deine Sara. Ich segne sie, so dass Völker aus ihr hervorgehen.« »Da fiel Abraham auf sein Angesicht und lachte.« Mir scheint, dass in diesem einen Satz eine unglaubliche Spannung liegt: »Er fiel nieder und lachte.« Anders wäre das gewesen, wenn

Abraham einfach nur abgewinkt hätte: »Herr, du machst Spaß.« Die Spannung entsteht dadurch, dass Abraham sowohl auf sein Angesicht niederfällt als auch lacht! Was drückt das Niederfallen aus? Es ist der tiefste Ausdruck von Anbetung. Tiefer kann ein Mensch sich vor Gott nicht erniedrigen als so, dass er flach auf dem Boden liegt. Das ist mehr als Knien. Es ist eine Haltung der Ergebenheit, der Hingabe, der Unterwerfung, des völligen Einverständnisses mit Gott. Dies also bekundet Abraham, und gleichzeitig lacht er, aber nicht vor Freude, sondern vor Belustigung. Was Gott da sagt, erscheint ihm albern und lächerlich, kurz: unglaublich. Was für ein Widerspruch: die Gebärde der Unterwerfung und die Äußerung des Unglaubens im selben Augenblick. Und das nach 24 Jahren eines Lebens mit Gott! Abraham lacht, weil er denkt: »Können einem Hundertjährigen noch Kinder geboren werden, und kann Sara als Neunzigjährige noch gebären? Das geht doch gar nicht.«

Ist es möglich, dass einer, der vor 2000 Jahren am Kreuz gestorben ist, das Problem meiner Schuld gelöst hat? »Nein, das geht nicht. Das muss doch jeder mit sich selber ausmachen«, sagen die Leute. – Kann jemand, der wirklich tot war, dessen Totsein dokumentiert ist durch den Lanzenstich in die Herzgegend, woraufhin Blut und Wasser herausflossen, kann ein wirklich Toter so auferstehen, dass er nie mehr stirbt? Gibt es das? »Das gibt es nicht«, sagen die Leute. »Tot ist tot, macht euch nichts vor.« – Kann einer, der schon alt ist, noch einmal ganz von vorne anfangen, ein neues Leben beginnen in Jesu Namen? »Nein«, sagen die Leute, »niemand kann über seinen Schatten springen.« – Kann jemand, der Krebs im Endstadium hat, geheilt werden durch ein übernatürliches Wunder? »Nein«, sagen die Leute, »er mag sich für Augenblicke geheilt fühlen, aber er wird schon wieder von seiner Wolke herunterkommen.« – Kann ein Christ, der lange mit bestimmten Charakterschwächen gekämpft hat, mit seiner Feigheit, seinem Jähzorn, seiner Bequemlichkeit, seiner sexuellen Unreinheit oder seinem Geiz, davon definitiv befreit werden, so dass der Tag kommt, an dem er sagt: »Ich brauche das nicht mehr zu tun, ich bin wirklich frei.«? Kann einer, der sich viele, viele Jahre lang in den Klauen einer Sucht befand, herauskommen, weil Jesus ihn freimacht? »Nein, das ist eine Illusion«, sagen die Leute.

Kann eine Kirche voller gutwilliger Leute Erweckung erleben, wo doch klar ist, dass »es« schon unzählige Male nicht geklappt hat? »Nein«, sagen all die entmutigten Gläubigen, »mit so etwas rechnen wir besser nicht. Dadurch ersparen wir uns viele Schmerzen.«

Das ist das Problem des Glaubens. Und das ist die schwierigere Dimension der Antwort auf den Bund, schwieriger als der Gehorsam gegenüber Gottes Wunsch, dass ich die Taufe empfange oder zum Abendmahl gehe oder den Gottesdienst besuche – alles wichtige Dinge, bei denen kein Raum für Beliebigkeit bleibt. Aber am wichtigsten ist es Gott, dass wir ihm das Unmögliche zutrauen.

Wie rührend wirkt es, wenn Abraham sagt: »Herr, du brauchst doch gar kein Geburtswunder zu tun. Mach dir nicht so viel Mühe, ich hab ja schon meinen Nachfolger, Ismael ist doch bereits da. Lass ihn einfach am Leben.« Abraham will sich hier mit dem Zweitbesten zufrieden geben, wo doch Gottes Bestes für ihn bereit liegt. Er könnte ein übernatürliches Eingreifen Gottes erleben, aber er besteht (zunächst) darauf, in dem natürlichen Bereich zu bleiben, in dem, was er kennt, was ihm vertraut ist, was er sich vorstellen kann, was logisch und üblich ist.

Wieder ist der Schluss der Geschichte tröstlich und sehr bedenkenswert. Wir lesen, dass Gott einfach weiter zu Abraham redet und ihn nicht verstößt. »Nein, deine Frau wird dir einen Sohn gebären.« Gott ist nicht empört, er verdammt Abraham nicht, sondern erklärt: »Nein, ich bleibe dabei. Ich tue das. Du bist mit von der Partie, Abraham. Ich habe einen Plan, und ich setze ihn durch. Ich mache sogar aus dir noch einen Vater des Glaubens. 24 Jahre haben dazu noch nicht ausgereicht, aber ich gebe dich nicht auf. Ich werde dich gebrauchen. Ich werde dich so verändern, dass du mir das zutraust.«

Am Ende hat Gott sein Ziel mit Abraham erreicht: in Vollendung dort, wo Abraham zum Berg Morija geht und seinen Sohn ganz loslässt. Da ist er auf dem höchsten Plateau des Glaubens angekommen.

Dafür hat Gott viel Zeit gebraucht, aber sich eben auch Zeit gelassen, hat sich nicht irritieren lassen durch Feigheit und Unglauben seines Knechtes Abraham. Gott hat einen langen Atem bewiesen. Ist das nicht verheißungsvoll?

Wäre es anders, so hätte unsereins nicht das mindeste Recht, ein Buch wie dieses zu schreiben. Ich brauche solche Gnade, um ein Mann des Glaubens zu werden, und Sie brauchen diese Gnade auch. Da ist kein Platz für Schwärmerei. Da ist aber viel Platz für Wachstum in größere Dimensionen hinein. Und der Tag soll kommen, wo auch Sie Ihren »Isaak« in den Händen halten, wie Abraham ihn schließlich in den Händen hielt.

Kapitel 10

Alles ist möglich für Gott oder: Die Chancen des Glaubens

1 Und der HERR erschien ihm im Hain Mamre, während er an der Tür seines Zeltes saß, als der Tag am heißesten war.
2 Und als er seine Augen aufhob und sah, siehe, da standen drei Männer vor ihm. Und als er sie sah, lief er ihnen entgegen von der Tür seines Zeltes und neigte sich zur Erde
3 und sprach: Herr, hab ich Gnade gefunden vor deinen Augen, so geh nicht an deinem Knecht vorüber.
4 Man soll euch ein wenig Wasser bringen, eure Füße zu waschen, und lasst euch nieder unter dem Baum.
5 Und ich will euch einen Bissen Brot bringen, dass ihr euer Herz labet; danach mögt ihr weiterziehen. Denn darum seid ihr bei eurem Knecht vorübergekommen. Sie sprachen: Tu, wie du gesagt hast.
6 Abraham eilte in das Zelt zu Sara und sprach: Eile und menge drei Maß feinstes Mehl, knete und backe Kuchen.
7 Er aber lief zu den Rindern und holte ein zartes gutes Kalb und gab's dem Knechte; der eilte und bereitete es zu.
8 Und er trug Butter und Milch auf und von dem Kalbe, das er zubereitet hatte, und setzte es ihnen vor und blieb stehen vor ihnen unter dem Baum, und sie aßen.
9 Da sprachen sie zu ihm: Wo ist Sara, deine Frau? Er antwortete: Drinnen im Zelt.
10 Da sprach er: Ich will wieder zu dir kommen übers Jahr; siehe, dann soll Sara, deine Frau, einen Sohn haben. Das hörte Sara hinter ihm, hinter der Tür des Zeltes.
11 Und sie waren beide, Abraham und Sara, alt und hochbetagt, so dass es Sara nicht mehr ging nach der Frauen Weise.

> 12 Darum lachte sie bei sich selbst und sprach: Nun ich alt bin, soll ich noch der Liebe pflegen, und mein Herr ist auch alt!
> 13 Da sprach der HERR zu Abraham: Warum lacht Sara und spricht: Meinst du, dass es wahr sei, dass ich noch gebären werde, die ich doch alt bin?
> 14 Sollte dem HERRN etwas unmöglich sein? Um diese Zeit will ich wieder zu dir kommen übers Jahr; dann soll Sara einen Sohn haben.
> 15 Da leugnete Sara und sprach: Ich habe nicht gelacht –, denn sie fürchtete sich. Aber er sprach: Es ist nicht so, du hast gelacht.
> (1. Mose 18,1-15)

Was tut Gott, um uns an den Punkt zu führen, an dem wir mehr und mehr glauben? Nun: Er sendet uns sein Wort, er bringt sich uns zu Gehör. Dafür ist ihm kein Opfer zu groß. Er gebraucht viele Mittel, um uns sein Wort hören zu lassen. Im Alten Testament (und gelegentlich auch im Neuen) redet er durch Träume und manchmal durch Naturphänomene, die dann erklärt werden; er redet durch Propheten, denen er ein einzelnes Wort, vielleicht aber auch eine längere Botschaft anvertraut. Aber das ist Gott manchmal noch nicht genug. In dieser Geschichte lesen wir, dass er sich auf den Weg macht, selber kommt und Abraham besucht. Wir können uns fragen: Warum besucht Gott Abraham in dieser geheimnisvollen Weise, in diesem Plural, der zugleich ein Singular ist? Nicht wahr: dieser Besuch wird teils mit »ihr«, teils mit »du« angeredet. Gott ist an dieser Stelle ein Ich und ein Wir, ein Du und ein Ihr. Wenn nun jemand fragt: »Handelt es sich hier nicht um eine Begegnung Abrahams mit der göttlichen Dreieinigkeit?«, dann kann ich nur sagen: Das ist eine alte Auslegung und wenn Sie die Dinge so sehen, stehen Sie in einer guten Tradition.

Gott besucht Abraham. Wozu besucht er ihn? Um ihm dasselbe zu sagen, was er ihm schon mehrere Male vorher gesagt hat, nämlich: Du wirst zu einem Zeitpunkt, an dem dies menschenunmöglich erscheint, einen Sohn haben. Das einzige, was uns hier neu begegnet, ist die Terminangabe: in einem Jahr. So wichtig ist es Gott, dass er sich zu Gehör bringt. Und wenn wir das, was Jesus uns gebracht hat und ist, richtig verstehen, dann entdecken wir die gleiche Bewegung: Gott verlässt in Christus den Himmel, kommt auf die Erde, wird ein Mensch unter Menschen, Gott in Menschengestalt. Es ist nicht zufällig, dass Jesus »das Wort Gottes« genannt wird. Er sagt nicht nur das Wort, er ist das Wort. Und wer auf Jesus hört, der hört auf Gott selbst. Es würde Gott nicht genügen – wenn ich es einmal so sagen darf –, vom Himmel her Traktate abzuwerfen oder ein göttliches Spruchband an den Horizont zu heften oder mit einem himmlischen Megaphon von oben herab zu reden. Im Ernst: Hätte Gott nicht beschließen können, aus riesigen Gewittern mit einer übermächtigen Stimme auf Israel herunterzudonnern? Aber er kommt, er bringt sich zu Gehör, indem er Mensch wird und bei den Menschen bleibt. Sie können davon ausgehen, dass Gott auch in Ihrem Leben hoch daran interessiert ist, sein Wort so in Ihre Reichweite hineinzusprechen, an Ihr Ohr zu bringen, Ihrem Herzen vertraut zu machen, damit Sie glauben, denn der Glaube kommt nicht aus der Musik, vom herrlichen Frühlingswetter oder aus körperlichen Erlebnissen, sondern aus dem Wort. Und der Heilige Geist arbeitet daran, dass wir auf das Wort hören. Je weniger das, was Gott dann sagt, unserem natürlichen Empfinden entspricht, je fremder es ist, umso mehr muss sich Gott bemühen, es uns nahe zu bringen. Und er tut es.

Es ist eine Eigenschaft dieses Wortes, dem wir glauben sollen, dass es immer und überall sperrig ist. Glauben Sie bloß nicht, dass es in diesem einen Fall so war und sonst anders wäre. Das Wort, das uns Gott zuspricht, um unseren Glauben zu wecken, ist immer ein fremdes Wort. Es ist immer wieder ein Wort, das uns nicht »aus der Seele gesprochen« wurde. Paulus bringt es auf den Punkt: »Was in keines Menschen Herz aufgestiegen ist, das hat Gott denen offenbart, die ihn lieben« (1. Korinther 2,9). Es geht immer über das hinaus, was wir von Haus aus denken, fühlen und zu tun bereit sind.

Sara hinter ihrem Vorhang merkt das, und sie spricht es drastisch aus, so ehrlich, wie wir Gott gegenüber wahrscheinlich nicht immer sind. Die Bibel erzählt, Sara habe still in sich hineingelacht und gedacht, sie sei doch schon alt und verbraucht; wie könne sie jetzt noch das Glück der Liebe erfahren? »Das geht doch gar nicht mehr. Ich bin nicht mehr in dem Alter, wo Frauen schwanger werden können. Meine letzte Monatsregel liegt Jahrzehnte zurück. Herr, was du da sagst, ist unmöglich, soweit es mich betrifft. Auch Abraham ist nicht mehr zeugungsfähig. Seine sexuelle Potenz ist erloschen. In dieser Hinsicht ist unsere Zeit abgelaufen.«

Stellen wir uns einmal vor, Gott hätte gesagt: »Stellt rechtzeitig ein kleines Körbchen auf. Denn in einem Jahr werdet ihr eines Morgens nach dem Aufwachen ein Baby vorfinden, das ein Engel euch gebracht hat – direkt von Gott. Ihr werdet an diesem Geschehen nicht beteiligt sein. Gott wird es ohne euch vollbringen.« In diesem Falle hätten die beiden Alten nicht in dem Sinne glauben müssen, wie es hier notwendig war. Sie hätten schlicht abwarten können. Aber was Gott tatsächlich von ihnen erwartete, war eine Mitwirkung an dem, was da geschehen sollte. Gott wollte nicht über sie hinweg wirken, sondern durch sie hindurch. Darf ich es drastisch sagen? Es ging darum, dass eine neue erotische Leidenschaft zwischen einer Greisin und einem Greis entfacht würde, dass eine neue sexuelle Potenz, die lange erloschen war, plötzlich da wäre und die Möglichkeiten einer Frau, schwanger zu werden, von Gott neu gewirkt würden. Sara guckte an sich herunter und sagte: »Ich verschrumpeltes altes Weibchen. Es geht nicht mehr, Herr. Was du andeutest, ist ein Witz.«

Welcher Fehler passiert hier? Es ist der Fehler, den wir vermutlich zahllose Male gemacht haben. Wir haben eine Zusage Gottes daran gemessen, ob wir uns das Verheißene zutrauen. Gott hat uns irgendetwas zugesprochen, was außerhalb unserer eigenen Möglichkeiten liegt. Er hat gesagt, dass er das schaffen werde – gewiss: nicht ohne uns, aber: er selber werde dies tun. Wir haben innerlich reagiert mit der Frage: »Trau ich mir das zu?« Wir haben in uns hineingehorcht, wir haben unsere Fähigkeiten abgeklopft und dann messerscharf geschlossen: »Nein, das kann ich nicht.« Dabei hatte Gott überhaupt nicht gefragt: »Traust du, Sara, *dir* das zu?«, sondern er meinte: »Traust du *mir* das zu?« Wenn Gott sagt: »Ich will in deinem Leben das und das tun, aber ich will dich dabeihaben«, dann meint er: »Ich gebe dir die Motivation oder die physischen Kräfte, die Ausdauer und das nötige Verständnis.« Wenn einer zum Beispiel eine Berufung zum Missionar hat, ist es unvorstellbar, dass er nicht die Sprache des Landes lernt, in das er gesandt wird. Es gibt Leute, für die das Erlernen von Sprachen eine Wonne ist, aber andere empfinden da total anders. Sie können nicht Missionar sein, indem Sie in ein fremdes Land gehen, 7 Stunden am Tag beten und dem Herrn sagen: »Wiederhole das Sprachwunder von Apostelgeschichte 2.« Das kann er zwar auch einmal tun, aber dort geht es nicht um eine generelle Zusage an alle Missionare. Bei vielen Menschen muss Gott folgendes Wunder tun: Er muss ihnen immer neue Motivation zum Lernen, viel Ausdauer und tägliche Disziplin schenken. Das ist eine Art Wunder, die bei manchen Christen nicht sehr hoch im Kurs steht. Denn Gott tut sie nicht so, dass wir dabei zugucken können. Trotzdem kann es sich um ganz erstaunliche Wunder handeln. Denn damit sie passieren können, muss Gott uns selber verändern.

Alles, was Gott im Glauben von uns erwartet, übersteigt unsere natürlichen Möglichkeiten. Alles! Wenn Gott etwa von uns erwartet, dass wir ihm glauben, wir sind liebenswert, dann meint er doch nicht: »Trag mal alle Komplimente, die dir je gemacht worden sind, zusammen und wiederhole sie so oft, bis du glaubst, dass du liebenswert bist.« Wenn wir ehrlich sind, wissen wir doch, dass wir, gemessen an Gottes Maßstäben, nicht liebenswert sind. Es ist wirklich ein Wunder, wenn einer das glaubt, der sich ein bisschen kennt.

Es ist ein reines Wunder, wenn einer glaubt, dass seine Sünden auf Golgatha vergeben sind. Wie kann es angehen, dass Gott sich vor 2000 Jahren, also lange, bevor Sie lebten, und eben deshalb, ohne Sie auch nur gefragt zu haben, durch einen Menschen, den Sie niemals getroffen haben, mit der Schuld aller Welt, also auch mit Ihrer, befasst und dieses riesengroße Problem ein für alle Mal gelöst hat? Das ist doch unglaublich! Jedes Mal, wenn ich vor Menschen, die keine

Christen sind, über Golgatha rede, liegt das wie eine schwere Last auf mir. Ich spüre, die Botschaft vom Kreuz Christi stellt für das Denken unserer Kultur einen wirklichen Fremdkörper dar (letzten Endes gilt das natürlich für das Denken aller Kulturen). Golgatha geht über alles hinaus, was irgendjemand »versteht«.

Oder denken wir an die Auferstehung Christi: Das Wunder bestand doch nicht darin, dass Jesus wie sein Freund Lazarus das Grab noch einmal verlassen hätte und in das frühere Leben zurückgekehrt wäre. Das ist ein materialistisches Missverständnis dieses Osterwunders. Nein, Jesus wurde so verwandelt, dass er den Tod hinter sich hatte, nicht das Sterben. Ostern ist in diesem Sinne das Urwunder. – Geht es also um die Grundwahrheiten unseres Glaubens, so mutet Gott uns ein Vertrauen zu, das alle »natürlichen« Erkenntnismöglichkeiten übersteigt.

Ganz Entsprechendes gilt nun aber auch für den praktischen Vollzug des Glaubens! Wenn der Herr sagt: »Liebe deine Feinde«, und wenn Sie sich bewusst werden, welche Leiderfahrungen dabei oft vorausgesetzt sind, dann wissen Sie auch: Ehrliche, herzliche und radikale Feindesliebe übersteigt das Menschenmögliche. Hier geht es um die Dimension des Glaubens.

Oder: Dass ein Mensch dazu kommt, seinen engen Horizont zu durchbrechen und zu bekennen: »Ich habe Jahre meines Christseins nach dem Motto gelebt: Was habe ich davon, dass ich Christ bin? Und jetzt fange ich an zu überlegen: Was hat Jesus davon?«: Das ist ein absolutes Wunder. Frommer Egoismus ist in den meisten Gemeinden Deutschlands der Normalfall – ich spreche von Gemeinden, die aus wiedergeborenen Christen bestehen. Wenn ein Mensch aus diesem Drehen um die eigene Achse herauskommt und fragt: »Gott, was hast du für Probleme, und was schmerzt *dich*? Ich will in Zukunft für dich leben«, ist das ein absolutes Wunder. Keiner kann von Haus aus über seinen Schatten springen. Denn der Mensch ist, um Martin Luther zu zitieren, ein in sich verkrümmter Mensch.

Ich erwähne diese Beispiele, um zu zeigen, dass alle Dinge, die wir Gott glauben sollen, außerhalb unserer Möglichkeiten liegen. Gott sagt nicht zu einem gesunden Menschen von 24 Jahren: »Ich spreche dir die Kraft zu, morgen um 6.30 Uhr aus deinem Bett aufzustehen. Du wirst die Fähigkeit haben, zwischen einem Auto, einem Fahrrad und einem Fußgänger zu unterscheiden.« Dazu braucht man offensichtlich keinen Glauben. Gott sagt nicht zu einem Menschen, von dem alle Welt weiß, dass er ein Genie im Organisieren ist: »Ich spreche dir die Fähigkeit des Organisierens zu, damit du sie im Glauben ergreifst.« (Wenn ein Chaot Derartiges von Gott hört, liegen die Dinge ersichtlich anders.) Menschen, die dadurch auffallen, dass sie die Kontaktfreudigkeit in Person sind und sich mit jedermann gut verstehen, verheißt Gott nicht: »Ich spreche dir die Gabe zu, einmal ohne Gehemmtheit ein Gespräch führen zu können.« Im Glauben geht es immer um Bereiche, die unserem Begreifen, Wollen oder Vollbringen entzogen sind.

Insofern illustriert die Reaktion der Sara nur eine geistliche Regel, die für jedermann gilt. Der Glaube hat es mit dem zu tun, was Sie nicht können und *nie aus sich heraus* können werden. Praktisch bedeutet das: Gott führt immer wieder an Grenzen, an denen Sie bekennen müssen: »Hier weiß ich nicht weiter. Ich kann nicht mehr.« Das sind die geistlich fruchtbarsten Stunden, vorausgesetzt, Sie nutzen sie. Bitte denken Sie deshalb nicht: »Diese dumme, ungläubige Sara!« Erstens war ihr Mann auch nicht besser, wie man kurz vorher nachlesen kann: Er lachte auch. Und zweitens ähneln wir Sara an dieser entscheidenden Stelle viel zu sehr. Der wichtigste Vers in diesem Abschnitt lautet deshalb: »Sollte *dem Herrn* etwas unmöglich sein?« Das ist die allein entscheidende Frage. Also nicht: »Kann ich das, traue ich mir das zu?«, sondern: »Kann Gott das, traue ich es Gott zu?«

Mit Passivität hat das alles nichts zu tun. Wir sollen uns nicht auf unser frommes Sofa legen und deklamieren: »Der Herr wird es an meiner Stelle tun.« Das wäre Verweigerung von Glauben. Glaube zeigt sich immer daran, dass wir mit dem Wort selber vorwärts gehen, also konkrete Schritte tun. Sie gehen zu dem Menschen, der Sie verletzt hat, und vergeben ihm. Sie sorgen sich nicht mehr oder jedenfalls immer weniger, obwohl Sie jahrzehntelang ein Sorgenmensch waren. Sie fangen an, für die Verlorenen zu beten, obwohl Sie bisher überwiegend für sich selber gebetet haben. Das ist Glaube: mit dem WORT Schritte tun. Dann sagen Sie nicht mehr: »Ich habe es noch nie geschafft. Dabei habe ich es doch schon siebenundzwanzigmal probiert.« Was heißt siebenundzwanzigmal? Wie viele Jahre dauerte Abrahams Schule des Glaubens?

Zum Schluss auch hier wieder das Tröstliche: In allen Abraham-Geschichten bisher fällt mir auf, wie unbeschreiblich liebevoll Gott mit Menschen umgeht, denen er Glauben beibringen will und die sich schwer damit tun. Wäre es nicht verständlich gewesen, wenn der Herr gesagt hätte: »Sara, komm sofort hinter deinem Vorhang hervor! Stell dich hierhin! Wie kannst du es wagen, mein Wort infrage zu stellen? Es ist unerhört, dass du mir keinen Glauben entgegenbringst!« Ist Gott nicht sehr liebevoll, dass er selbst der leugnenden Sara einfach nur sagt: »Rede dich nicht heraus. Du hast gelacht. Bleib ehrlich.« Er verdammt sie nicht! Handelt er nicht liebevoll, indem er ihrem Zweifel gegenüber nur dieses aufbauende Wort spricht: »Ist denn beim Herrn etwas unmöglich?« Er hat unbeschreibliche Geduld mit uns. Und doch bleibt er in seiner Geduld zielstrebig: Er will, dass wir im Alltag nach seinen Möglichkeiten zu leben lernen. Ist dem Herrn etwas zu wunderbar? Die Antwort kann nur lauten: Nein.

Kapitel 11

Leidenschaftliche Fürbitte oder: Die Selbstlosigkeit des Glaubens

16 Da brachen die Männer auf und wandten sich nach Sodom, und Abraham ging mit ihnen, um sie zu geleiten.
17 Da sprach der HERR: Wie könnte ich Abraham verbergen, was ich tun will,
18 da er doch ein großes und mächtiges Volk werden soll und alle Völker auf Erden in ihm gesegnet werden sollen?
19 Denn dazu habe ich ihn auserkoren, dass er seinen Kindern befehle und seinem Hause nach ihm, dass sie des HERRN Wege halten und tun, was recht und gut ist, auf dass der HERR auf Abraham kommen lasse, was er ihm verheißen hat.
20 Und der HERR sprach: Es ist ein großes Geschrei über Sodom und Gomorra, dass ihre Sünden sehr schwer sind.
21 Darum will ich hinabfahren und sehen, ob sie alles getan haben nach dem Geschrei, das vor mich gekommen ist, oder ob's nicht so sei, damit ich's wisse.
22 Und die Männer wandten ihr Angesicht und gingen nach Sodom. Aber Abraham blieb stehen vor dem HERRN
23 und trat zu ihm und sprach: Willst du denn den Gerechten mit dem Gottlosen umbringen?
24 Es könnten vielleicht fünfzig Gerechte in der Stadt sein; wolltest du die umbringen und dem Ort nicht vergeben um fünfzig Gerechter willen, die darin wären?
25 Das sei ferne von dir, dass du das tust und tötest den Gerechten mit dem Gottlosen, so dass der Gerechte wäre gleich wie der Gottlose! Das sei ferne von dir! Sollte der Richter aller Welt nicht gerecht richten?
26 Der HERR sprach: Finde ich fünfzig Gerechte zu Sodom

in der Stadt, so will ich um ihretwillen dem ganzen Ort vergeben.

27 Abraham antwortete und sprach: Ach siehe, ich habe mich unterwunden, zu reden mit dem Herrn, wiewohl ich Erde und Asche bin.

28 Es könnten vielleicht fünf weniger als fünfzig Gerechte darin sein; wolltest du denn die ganze Stadt verderben um der fünf willen? Er sprach: Finde ich darin fünfundvierzig, so will ich sie nicht verderben.

29 Und er fuhr fort mit ihm zu reden und sprach: Man könnte vielleicht vierzig darin finden. Er aber sprach: Ich will ihnen nichts tun um der vierzig willen.

30 Abraham sprach: Zürne nicht, Herr, dass ich noch mehr rede. Man könnte vielleicht dreißig darin finden. Er aber sprach: Finde ich dreißig darin, so will ich ihnen nichts tun.

31 Und er sprach: Ach siehe, ich habe mich unterwunden, mit dem Herrn zu reden. Man könnte vielleicht zwanzig darin finden. Er antwortete: Ich will sie nicht verderben um der zwanzig willen.

32 Und er sprach: Ach, zürne nicht, Herr, dass ich nur noch einmal rede. Man könnte vielleicht zehn darin finden. Er aber sprach: Ich will sie nicht verderben um der zehn willen.

33 Und der HERR ging weg, nachdem er aufgehört hatte, mit Abraham zu reden; und Abraham kehrte wieder um an seinen Ort.

(1. Mose 18,16-33)

Vom Glauben wissen wir, dass er immer sehr persönlich ist. Wir können uns in allen möglichen Dingen, aber nicht in den Dingen des Glaubens vertreten lassen. Sie müssen für sich glauben und ich für mich.

Ich weiß wohl, dass es einen stellvertretenden Glauben auf Zeit gibt. Das sagt die Bibel sehr deutlich. Es wird zum Beispiel im 2. Kapitel des Markusevangeliums berichtet, dass Menschen einen Kranken zu Jesus brachten und durch das Dach des Hauses, in dem sich Jesus befand, in den Raum hinunterließen. Da heißt es dann: »Als

Jesus *ihren* Glauben sah, sprach er zu dem Gelähmten . . .« (Vers 5), das heißt er reagierte auf den Glauben der Träger und tat seinetwegen dem Kranken wohl. Derartiges geschieht oft. Eltern sollen für ihre kleinen Kinder glauben, solange die noch nicht selber dazu fähig sind, und dieser stellvertretende Elternglaube kommt ohne Frage den Kindern zugute. Gesunde sollen für Kranke glauben. Leute, die in der Freude des Glaubens leben, sollen für die glauben, die in einer Depression stecken, also kein Licht mehr sehen können. So sollen wir zeitweise füreinander glauben, aber nicht für immer. Ich soll mich nicht darauf verlassen, dass Sie für mich glauben; Ihr Glaube dispensiert mich nicht vom eigenen Gottvertrauen.

Der Glaube ist, wie gesagt, etwas sehr Persönliches, aber nichts Egoistisches. Wer glaubt, kann auf die Dauer nicht bei sich selber stehen bleiben. Er lernt es, vielleicht in Jahren, sich um Gott zu drehen, wie sich die Erde um die Sonne dreht. Und indem wir lernen, uns um Gott als den Mittelpunkt zu drehen, kommen auch die Menschen neben uns, kommen die anderen immer mehr in den Blick. Darum wird der Glaube, je mehr er gesundet, selbstlos, selbstvergessen. Die Ketten, die uns an uns selber gebunden hatten, will Gott sprengen, damit wir frei werden für seine Absichten. Und wenn dies geschieht und in dem Maße, wie es geschieht, werden wir zu Fürbittern, die sich von der Not der anderen berühren lassen, die mitdenkend und mittragend das, was anderen so schwer fällt, auf sich nehmen und es zu ihrer Sache machen, die sie vor Gott hintragen. Sie werden die Anwälte eines fremden Interesses, nicht nur des eigenen. Sie werden nie aufhören, auch für sich selbst zu beten. Wer könnte das sein lassen, solange uns Jesus selber durch seine Worte dazu ermutigt? Jesus will, dass jeder seiner Jünger versorgt ist, dass es ihm gut geht und seine Bedürfnisse gestillt werden. Aber wir bleiben nicht bei uns stehen: »Herr, gib *mir* Arbeit, gib *mir* eine Partnerin oder einen Partner, gib *mir* eine glückliche Ehe, gib *mir* mehr Freizeit usw.«; unser Horizont wird geweitet. Wir werden zu Fürbittern.

An dieser Stelle hat Abraham eine Botschaft für uns, die sehr hilfreich und praktisch ist. In dieser Geschichte finden sich Prinzipien der Fürbitte, die wir ernst nehmen sollten, wenn es uns wirklich darum geht, so Fürbitte zu tun, wie Gott es will. Ich nenne fünf davon.

1. Fürbitter brauchen Gottes Offenbarung. Sie brauchen Erkenntnis seines Willens und Herzens. Vers 17 heißt es: »Da sprach der HERR: Wie könnte ich Abraham verbergen, was ich tun will?« Und Vers 19: »Denn dazu habe ich ihn auserkoren, dass er seinen Kindern befehle und seinem Hause nach ihm, dass sie des HERRN Wege halten und tun, was recht und gut ist, auf dass der HERR auf Abraham kommen lasse, was er ihm verheißen hat.« Gott also sagt: »Ich habe ihn auserkoren« (wörtlich: »erkannt«) . . . »Soll ich Abraham verheimlichen, was ich vorhabe?«

Ist das nicht ein interessanter Gedanke? Gott bewegt etwas, bevor andere es bewegen. Und er sagt: »Da ist ein Mensch, der ist mir wichtig, den habe ich erwählt.« Das Wort, das hier steht (hebräisch »jada«), findet sich auch am Anfang der Bibel, wo uns erzählt wird: »Und Adam erkannte sein Weib Eva, und sie ward schwanger und gebar den Kain . . .« (1. Mose 4,1). Dieses Wort umschreibt eine intime, bis ins Körperliche, ins Sexuelle hineinreichende Beziehung. Das heißt: »Ich, der Herr, habe eine intime Beziehung aufgenommen zu Abraham, er ist nicht irgendjemand für mich, er ist für mich zum Freund geworden. Und ich möchte, dass er weiß, was mich beschäftigt, was ich vorhabe, was mich bekümmert und was mein Herz bewegt.«

Genau das geschieht dann ja auch. Gott teilt es mit. Gott sucht unsere Nähe. Es macht ihm Freude, uns etwas von dem zu sagen, was ihn beschäftigt. Wir verstehen Gebet ja häufig so, dass wir Gott darüber in Kenntnis setzen, was wir brauchen. Mitunter geschieht es in einer Haltung, als wüsste er das nicht längst, als müssten wir ihn erst im Einzelnen darüber informieren. Aber Gott ist informiert: »Euer Vater weiß, was ihr braucht«, sagt Jesus (Matthäus 6,8); er weiß es, bevor ihr betet.

Eine andere Sache ist es, ob wir auch wissen wollen, was Gott beschäftigt, was *ihn* freut oder betrübt. Was er hier gegenüber Abraham, einer Einzelperson, äußert (ich will, dass er weiß, was mich beschäftigt), das durchzieht ja die ganze Geschichte des Gottesvolkes. Denken wir nur an die Propheten, denen Gott mitteilte, was auf seinem Herzen lag. Diese Geschichte mündet ein in die Geschichte Jesu, und in Jesus hat Gott letztgültig klargemacht, was ihn bewegt, was ihm wichtig ist. Ehe wir Fürbitte tun, ehe wir uns hineinstürzen in das Getümmel des Gebetes für andere, ist es wichtig zu fragen: Was will Gott? Was hat er vor?

Gott will unsere Gebete nur erhören, wenn sie seinem offenbarten Willen entsprechen, wenn wir also verheißungsorientiert beten. Das ist ein wichtiger Grundsatz. Und wer Fürbitte tun will, muss wissen, was Gott segnet und was er nicht segnet, was er will und was er nicht will, über welche Art von Bitten er sich freut und welche er nicht annehmen kann, weil sie ihm fremd sind. Vieles, was uns so bedrängt und wo wir finden: »Das müsste Gott doch tun, deshalb sollten wir ihn darum bitten«, kann er nicht erhören; er hat keine Verheißung dafür gegeben.

Ich würde mich freuen, wenn es keine Kriege mehr auf der Erde gäbe. Aber wenn wir beten: »Oh, Herr, schaffe alle Kriege auf Erden ab«, haben wir dafür keine Grundlage in Gottes Wort. Es gibt keine einzige Verheißung, mit der Gott verspricht: »Ich schaffe alle Kriege ab«, es sei denn, wir dächten an das Kommen Jesu Christi in Herrlichkeit; denn wenn Gottes Reich in Vollendung erscheint, gibt es keine Kriege mehr. Dann sollten wir aber lieber gleich beten: »Maranatha – unser Herr, komm« (1. Korinther 16,22; Offenbarung 22,20). Wer also einfach um die Abschaffung der Kriege auf Erden betet, hat wohl gezeigt, dass er ein teilnehmendes Herz besitzt, nicht aber, dass er Gottes offenbarten Willen kennt.

»Oh, Herr, segne alle Ehen in Deutschland!« Ist das eine christliche Bitte? Sie wäre es, wenn es eine Zusage Gottes gäbe, die in diese Richtung weist. Nun werden weit über neunzig Prozent aller Ehen hierzulande ohne Gott geführt. Kann es Gottes Segen ohne Anbindung an Gott geben? Wenn Gott alle Ehen in Deutschland segnen würde, so wie wir es ihnen wünschen, dann wären diese Ehen glücklich und erfolgreich, und die Leute würden sagen: »Uns geht es gut, wir haben keine Probleme.« Was tun Leute, die keine oder wenig Probleme haben? Die Erfahrung der Jahrhunderte lehrt: Solche Menschen verharren umso hartnäckiger in ihrer Gottlosigkeit: »Ich brauche doch Gott nicht. Mir geht's gut.« Ich kann gut verstehen, wenn jemand sagt: »Es wäre aber so wichtig, dass alle Ehen in Deutschland glücklich sind, denn das kommt den Paaren, den Kindern, der ganzen Nation zugute.« Nur: Wir müssen dem offenbarten Willen Gottes gemäß beten. Wenn wir sagen würden: »Gib doch, Herr, dass immer mehr Ehepaare dich kennen lernen, damit sie unter *deiner* Leitung, nach *deinen* Prinzipien ihre Ehe führen und so ein tiefes Glück erfahren« – dann würde die Sache geistlich.

An dieser Stelle wird deutlich, ob wir Gottes Offenbarung ernst nehmen oder einfach irgendetwas beten, weil es so nett ist. *Wir müssen vorher wissen, ob Gott eine Verheißung gegeben hat, solche Dinge zu erhören*. Ich komme auf den Punkt noch einmal zurück.

2. Fürbitter geben Gott Recht. Fürbitter ergreifen die Partei Gottes. Abraham betet darum, dass Sodom erhalten bleibe. Wer den Text weiterliest, weiß, dass Sodom zerstört wird – weil es eine gottlose Stadt ist. Ein Mensch, der Gott nicht Recht gibt, wird schnell einwenden: »Herr, das kannst du doch nicht tun! Du kannst doch nicht eine ganze Stadt auslöschen! Das kann doch nicht ein Ausdruck deiner Liebe sein. Erhalte sie! Lass nicht solchen Schmerz, solches Elend und Weinen zu!« Wenn wir für Menschen beten, geschieht es sehr oft, weil wir irgendetwas in ihrem Leben entdecken, das traurig und leidvoll ist, und mitfühlend wünschen, dieses Leid möge verschwinden. Dann beten wir geistlich völlig naiv: »Herr, lass doch das Leid verschwinden! Lass doch diesen Menschen wieder Arbeit bekommen! Lass doch die beiden wieder zusammenfinden! Lass doch dies und jenes passieren!« Dabei sind wir wohl bewegt von Mitleid für die Menschen. Sind wir aber auch Anwälte Gottes? Geben wir Gott Recht? Gottes Gericht ist ein Aspekt seiner Liebe. Wenn Sie Fürbitter werden wollen, müssen Sie vor allem die Partei Gottes gegenüber den Menschen ergreifen und nicht umgekehrt. Das ist eine absolut unpopuläre Wahrheit! Wir sind nicht dazu da, Gottes »hartes Herz« zu bewegen, damit er den armen, leidenden Mitmenschen das Leben leichter macht. Fürbitter sein heißt, dass wir Gottes Anliegen zu unseren Anliegen machen. Die sind oft ganz anders, als die Leute denken.

Ich habe in Jahrzehnten fast keinen Menschen getroffen, der Christ geworden wäre, weil und solange es ihm »gut ging«. Die allermeisten kamen zum Glauben, weil sie aufgrund familiärer, finanzieller, gesundheitlicher, psychologischer Probleme zu suchen begannen. Irgendwann streckten sie sich dann nach Gott aus. Und deswegen bekannte sich Gott zu ihnen. Die anderen Menschen hingegen, denen solche Krisenerfahrungen noch nicht zuteil geworden waren, blieben wie verschlossen für das Evangelium. Wohlgemerkt: Ich meine nicht, dass jeder, der in tiefere Not gerät, automatisch nach Gott schreit. Not lehrt bekanntlich nicht nur beten, sondern auch fluchen, und ein Teil der Menschen kapselt sich im Leid hoffnungslos ab. Gemeint ist dies: Gott klopft in den Zeiten, wo es uns gut geht, an die Tür unseres Lebens und benutzt dazu sozusagen ein silbernes Hämmerchen. Er fragt: »Willst du mich nicht ehren?«, oder, um Paulus zu zitieren: »Weißt du nicht, dass Gottes Güte dich zur Umkehr treibt?« (Römer 2,4). Auf dieses silberne Hämmerchen wird fast niemals gehört. Aber da Gott an uns interessiert ist, da er uns retten will, lässt er zu, dass wir tiefere Krisen zu durchleben haben. Dann nimmt er sozusagen einen größeren Hammer, um unsere Aufmerksamkeit zu erreichen; diesmal »wird es laut«, ja, »die Splitter fliegen«. Und dann klagen wir: »Wie kann Gott das zulassen?! Wo er doch angeblich ein Gott der Liebe ist!«

Wenn Sie für einen Menschen beten – und das wichtigste Anliegen, das es gibt, besteht darin, dass er Christ wird und aus der Dunkelheit ins Licht, aus der Herrschaft der Sünde unter die Herrschaft der Gnade kommt –, dann müssen Sie bereit sein, mit anzusehen, dass Gott diesen Menschen in Prozesse hineinführt, die Ihnen vielleicht weh tun. Dieser Mensch verliert vielleicht seine Arbeit, obwohl er eine gute hatte; er erleidet vielleicht einen Unfall – und Sie sind erschüttert darüber –, weil Gott zu ihm durchdringen will.

Gottes Gerichte sind leider nötig, weil wir seine behutsame Sprache Tausende von Malen überhört haben. Darum ist es wichtig, dass Sie sich auf die Seite Gottes stellen. Wenn Sie einen Sohn haben, der kein Christ ist, sollten Sie nicht nur beten: »Oh, Herr, mein armer Junge! Wenn er jetzt nicht Christ wird, nimmt er vielleicht Drogen und kommt auf die falsche Bahn, und dann tut mein Herz so weh, weil es ihm elend geht.« Vielmehr sollten Sie, gemäß der Offenbarung Gottes, beten:«Herr, mein Sohn ist ein Rebell gegen dich. Du hast ihn geschaffen und in Christus erlöst, aber er weigert sich, dir die Ehre zu geben. Es tut mir weh für dich, Gott, und für ihn, dass er so lebt.« Sie sind in erster Linie Gottes Anwalt, wenn Sie Fürbitte üben, und nicht der Anwalt nahe stehender Menschen.

Wenn unsere Kinder, unsere Verwandten, auch unsere Enkel, Gott nicht folgen, sind sie rebellische Wesen, auf denen Gottes Zorn ruht, wie wir nicht nur in Römer 1 lesen. Wenn wir sie nicht so sehen, wie Gott sie sieht, werden wir beten: »Oh, Herr, sie wären doch viel glücklicher, wenn sie dich kennen würden, Herr, mach sie doch glücklich! Und sie würden mit ihren Problemen besser fertig werden, wenn sie Christen würden. Deshalb führ sie doch zum Glauben, bitte.« Das ist kein biblisches Denken. Den Fürbittern geht es um die Ehre Gottes, und jeder Mensch, der Jesus nicht annimmt, raubt Gott seine Ehre. Das ist eine harte Wahrheit.

Dass es den Menschen hinterher besser geht, wenn sie Christen geworden sind, dass sie leichter mit ihren Problemen fertig werden, das stimmt wohl! Dennoch: Machen Sie sich nicht zum Komplizen von Menschen, auch nicht Ihres Mannes, Ihrer Frau oder Ihrer Kinder, wenn Sie für sie bitten. Machen Sie sich zum Komplizen Gottes. Vertreten Sie seine Anliegen vor ihm, dann kann er Ihr Gebet segnen.

3. Fürbitter lieben die Verlorenen. Das kann man hier wirklich mit Händen greifen. Man hat zeitweise den – allerdings täuschenden – Eindruck, als wäre Gott grausam und Abraham barmherzig, als würde

Gott sagen: »Ich will zerstören«, und Abraham antworten: »Ach, Herr, tu es doch nicht!« Natürlich ist das nicht die Wahrheit. Natürlich testet Gott Abraham, denn Gott hat viel mehr Barmherzigkeit als Abraham, Isaak, Jakob, Mose, Jeremia, Paulus, Petrus und unsereins zusammen. Gott liebt die Verlorenen, die ihm abhanden gekommen sind, die Rebellen, die Aufrührer, in einer Tiefe, die wir wahrscheinlich niemals völlig verstehen.

Aber je näher wir Gottes Herzen kommen, umso mehr ahnen wir davon. Und Abraham ist geheimnisvollerweise von dieser Liebe erfasst. Er hat doch gar nichts davon, dass Sodom gerettet wird! Man könnte sagen: »Ja, aber da lebte sein Neffe Lot, und der lag ihm am Herzen. Er hätte doch zu Lot sagen können: Ich habe von Gott gehört, dass Sodoms Untergang droht. Lot, verlass diese Stadt, dann kann dir nichts passieren.« Aber er bittet ja nicht für Lot, er bittet auch nicht, weil er etwa selber in Sodom geboren worden wäre: »Herr, das ist meine Heimat, ich liebe diese Straßen und diese alten Häuser, das kannst du doch nicht alles kaputtmachen. Außerdem habe ich da so viele Bekannte, und wenn ich die verlieren müsste, wäre ich sehr traurig.« Er hat gar kein Interesse dieser Art. Er ringt mit Gott, er handelt mit ihm, weil ihm diese fremden Menschen wichtig sind. Fürbitter lieben die Verlorenen.

Worin besteht der Unterschied zwischen unseren Großstädten und Sodom? Ich finde nur zwei Unterschiede: Sodom existierte früher und war kleiner als sie. Was die Gottlosigkeit angeht, glaube ich, dass unsere Großstädte eine gewisse Steigerung gegenüber Sodom verzeichnen können. In jedem Fall handelt es sich um verlorene Welten. Unsere Frage muss immer mehr werden: »Wie kommen diese Welten unter Gottes Herrschaft zurück?« Und da wir wissen, dass nie alle Ja sagen werden, lautet die Frage präziser: »Wie finden so viele Menschen wie möglich zurück zu ihrem Gott?«

Wir sind dazu da, um so zu denken wie Jesus und so zu handeln, wie er es uns befiehlt. Weil er für die Verlorenen gekommen ist – für wen denn sonst? –, ist es unser Auftrag, für die Verlorenen zu leben und alles in unserer Kraft Stehende mit allen uns zur Verfügung stehenden Mitteln zu tun, dass so viele Menschen wie möglich Jesus kennen lernen. Wenn das klar ist, dann wird es auch Ausdruck finden in unserem Gebet. Dann sagen wir nicht: »Ich bin glücklich, ich habe Jesus. Es ist so schön, eine Gemeinde zu haben, wo man andere trifft, die Jesus ebenfalls kennen. Man müsste viel, viel mehr mit Christen zusammen sein, persönliche Erlebnisse austauschen und die geistliche Gemeinschaft genießen.«

Der amerikanische Theologe Peter Wagner, dem ich einiges verdanke, hat dieses Denken, das christliche Gemeinschaft zum Selbstzweck macht, »Koinonitis« genannt. Koinonitis ist eine Krankheitsform, abgeleitet von dem Wort »koinonia«, das heißt »Gemeinschaft«. Menschlich ist das verständlich, geistlich ist es ungesund. Wir sind berufen, ein Herz für die Verlorenen zu haben und alles in unseren Möglichkeiten Stehende zu tun, sie durch Wort und Tat, durch Gebet und Liebe mit Jesus vertraut zu machen, damit sie nicht »mit Sodom untergehen.« In der Fürbitte nimmt diese Liebe zu den Verlorenen Gestalt an. Die Testfrage lautet: Wie viel Zeit in Ihrem Gebet widmen Sie den Verlorenen? Für wie viele Menschen haben Sie zum Beispiel in der letzten Woche gebetet, die keine Christen sind? Haben Sie vor Gott für sie gefleht, haben Sie mit Gott verhandelt, wie Abraham es hier tat?

Ich entdecke an Abraham hier zwei Seiten. Die eine ist seine Demut (»wiewohl ich Erde und Asche bin«), die andere sein geistliches Selbstbewusstsein (»das sei ferne von dir, dass du das tust ...«). Er sagt: »Herr, du *kannst* das doch nicht tun!«, und appelliert dabei an Gottes Herz. Er ist wirklich demütig, aber nicht bescheiden. Er kämpft mit Gott, er will etwas. Ich wünsche mir Christen, die beten: »Herr, du musst das tun!«, vorausgesetzt es gibt eine Verheißung dafür. Sobald eine Zusage Gottes für einen bestimmten Bereich vorliegt, ist es richtig und notwendig, dass wir anfangen, kämpferisch zu beten. Wir sagen: »Herr, du musst mein Herz verändern; du musst mehr Menschen zu dir ziehen. Ich ertrage den gegenwärtigen Zustand nicht mehr.« Das ist die Haltung Abrahams. Fürbitter lieben die Verlorenen.

4. Fürbitter appellieren an Gottes Erbarmen. Abraham hätte gar nicht in der beschriebenen Weise gebetet, wenn er nicht gewusst hätte: Gott ist ein Gott des Erbarmens, er ist ein gnädiger Gott. Er ist kein Gott der Rache, kein Gott eines kalten, sondern eines heißen Herzens. Abraham sagt: »Herr, wie viel Gerechte müssen es sein, die dich bewegen, dass du die anderen verschonst?« Und er handelt Gott herunter auf zehn. Das Unglück wollte es, dass es keine zehn Gerechten in Sodom gab.

Hier nun ist es angezeigt, von Jesus zu reden. An einer wichtigen Stelle des Alten Testaments, in Jesaja 53, ist die Rede von dem einzigen Gerechten, dem Gottesknecht. Und da heißt es: »Wir gingen alle in die Irre wie Schafe. Jeder sah auf seinen Weg.« *Wir* waren gottlos, *wir* lebten falsch, aber *er* war in Ordnung. Gott lud unsere Schuld, die Schuld der Ungerechten, auf ihn als den Gerechten. »Durch seine Wunden sind wir geheilt.«

Wenn wir die Linie von Abraham über Jesaja 53 bis zu Jesus fortsetzen, dann bedeutet das für uns, dass wir beten: »Im Namen Jesu sei gnädig, Herr!« Beten Sie nie: »Herr, dies ist ein so anständiger Mensch. Hilf ihm doch!« Oder: »Herr, er braucht eine Lösung für seine Probleme; hilf ihm doch!« Oder: »Herr, er meint es doch eigentlich gut; erkenne das an!« Damit stünden Sie auf einem sandigen Grund.

Führen Sie Gott nicht vor Augen, was Menschen wert sind; erinnern Sie ihn vielmehr daran, was Jesus wert ist. Dann könnte Ihr Gebet lauten: »Vater, sieh Jesus an, er ist für diesen Menschen gestorben, und um seinetwillen greif hier ein!« Gott ist nicht zu beeindrucken durch soziales Verhalten oder dadurch, dass ein Mensch religiös sehr interessiert ist. Das ist alles vereinbar mit einem rebellischen Herzen.

Gott lässt sich bewegen, wenn wir ihm Jesus nennen: »Herr, um seinetwillen, aus lauter Gnade tu es!« Fürbitter appellieren an Gottes Erbarmen. Und wenn dieses Erbarmen Platz greift, so geschieht es letztlich nicht, weil wir gebetet haben, sondern weil Gott gnädig gewesen ist.

5. *Fürbitter akzeptieren Gottes Antwort.* Hier liegt ein Geheimnis, und ich kann es nicht umgehen. Sodom wird ausgelöscht. Das heißt Gott antwortet nicht immer in der Weise auf unser Gebet, wie wir uns das gewünscht haben. Das kann man leicht missdeuten. Man kann sagen: »Also ist Gott letzten Endes unberechenbar.« So meine ich es nicht. Gottes Wille ist klar in der Heiligen Schrift dokumentiert. Wir können wissen, was Gott will und was er nicht will. Wir müssen nur die Bibel studieren. Was aber die Art, wie Gott antwortet, was die Schnelligkeit seiner Reaktion und die Mittel, deren er sich bedient, betrifft, bleibt er geheimnisvoll. Wir können Gott nicht manipulieren. Wir kennen Gottes Herz, aber wir müssen damit klarkommen, dass Gott anders reagieren kann, als es uns lieb ist.

Dies alles sollte uns nicht dazu verführen, Gott vage Bitten vorzutragen. Manche Menschen unterminieren ihr ganzes Gebet, indem sie erst irgendetwas beten, das ihnen gerade einfällt, und dann die allgemeine Erklärung anfügen: »Aber nicht wie ich will, sondern wie du willst, Herr. Dein Wille geschehe!« Bei solchen Gebeten wird gewöhnlich ein geistlicher Schritt übersprungen, der eigentlich zur Vorbereitung auf das eigene Gebet gehört: die Klärung der Frage nämlich, was Gottes Wille in dieser Angelegenheit ist. In zahllosen Fällen können wir das wissen, wenn wir Sein Wort ernst nehmen. Die angehängte Versicherung, dass wir unseren Willen Gott gegenüber nicht durchsetzen wollen, klingt demütig und ist es wohl auch oft, nimmt aber unserem Beten in diesen Fällen die Zuversicht. Nein, wir sollen präzise beten, wir sollen Gott seine Verheißungen vorhalten und eindringlich sein. Und doch ist Gott souverän. Wir können ihn nicht manipulieren. Er ist nicht der Leiter eines himmlischen Serviceunternehmens, das unsere Aufträge entgegennimmt und ausführt.

Ich möchte dazu einladen, mit neuer Liebe diese Berufung zu ergreifen, nämlich Fürbitter zu werden. Das ist ein Dienst, der wie nichts anderes die Welt verändert. Jeder Christ kann ihn ausüben. Es ist kein Studium dazu nötig. Man muss sich dafür nicht beurlauben lassen. Man muss nicht erst einmal zwanzig Jahre im Glauben stehen. Sie können sofort damit anfangen, ein Fürbitter zu werden und Gottes Not um diese Welt zu Ihrer Not zu machen. Wir können mit drei anfangen, für die wir beten, mit fünf, sieben, zehn oder zwölf. Der Glaubende wird zum Fürbitter, weil er Gottes Interessen in dieser Welt zu seinen Interessen macht. Sein Herz wird dabei weit. Und er wird auf diese Weise glücklich, weil man nämlich nur dann glücklich sein kann, wenn man aus dem Dunstkreis des eigenen Ichs heraustritt. Viele Probleme lösen sich, wenn Sie eine Zeit lang nicht mehr an sich denken. Und wenn es etwas länger ist, lösen sich noch mehr Probleme. Gott segnet die, die für ihn eintreten, und er gebraucht sie. Sie sind die eigentlich bewegenden Kräfte in der geistlichen Welt.

Kapitel 12

Die Ankunft Isaaks oder:
Der Spannungsbogen des Glaubens

> 1 Und der HERR suchte Sara heim, wie er gesagt hatte, und tat an ihr, wie er geredet hatte.
> 2 Und Sara ward schwanger und gebar dem Abraham in seinem Alter einen Sohn um die Zeit, von der Gott zu ihm geredet hatte.
> 3 Und Abraham nannte seinen Sohn, der ihm geboren war, Isaak, den ihm Sara gebar,
> 4 und beschnitt ihn am achten Tage, wie ihm Gott geboten hatte.
> 5 Hundert Jahre war Abraham alt, als ihm sein Sohn Isaak geboren wurde.
> 6 Und Sara sprach: Gott hat mir ein Lachen zugerichtet; denn wer es hören wird, der wird über mich lachen.
> 7 Und sie sprach: Wer hätte wohl von Abraham gesagt, dass Sara Kinder stille! Und doch habe ich ihm einen Sohn geboren in seinem Alter.
>
> (1. Mose 21,1-7)

Wie haben sie sich gefühlt, die beiden Alten? Abraham spricht in dieser Geschichte nicht, nur Sara redet. Aus ihren Sätzen klingen Freude und Staunen über das, was passiert ist. Wenn man 25 Jahre geglaubt und gewartet hat – und dann geschieht »es«! 75 war Abraham, als er seine Heimat verließ. 75 war er, als er zum ersten Mal von Gott hörte: »Du wirst einen Sohn haben.« Und die Jahre gingen ins Land. Abraham glaubte, er zweifelte, er glaubte erneut. In seiner Vertrauensbeziehung zu Gott durchlebte er erhebliche Schwankungen. Immer wieder bekräftigte Gott seine Zusagen. Sara ging diesen Weg mit, sicher oft als Leidende. So entstand eine Strecke des Glaubens.

Was für ein Tag! 25 Jahre geglaubt, und dann liegt er in deinen Armen, der Sohn der Verheißung. Es steht hier nicht, dass sie gefeiert haben. Natürlich haben sie gefeiert. Selbstverständlichkeiten muss man nicht erwähnen.

Und Sara sprach: »Wer hätte wohl von Abraham gesagt, dass Sara Kinder stille!« Gott hatte es gesagt, und der hatte Gründe. Ein Mensch hätte das nicht sagen können. Es wäre absurd gewesen. Nun ist es sichtbar. Nun ruhen sie aus. Alle Anspannung fällt von ihnen ab. Es kommt zu einem Durchatmen und Aufatmen.

Interessant ist die Sprache dieser Verse. Dreimal wird der Leser darauf hingewiesen, dass Gott seine Verheißung wahr gemacht habe. Erstens: »Und der HERR suchte Sara heim, wie er gesagt hatte« (Vers 1a); zweitens: ». . . und tat an ihr, wie er geredet hatte« (Vers 1b); drittens: »Und Sara ward schwanger und gebar dem Abraham in seinem Alter einen Sohn um die Zeit, von der Gott zu ihm geredet hatte« (Vers 2). Alles hing an seinem Wort. Sein Wort hatte sich wieder einmal bewahrheitet. Abrahams Glaube hatte bis zu diesem Zeitpunkt darin bestanden, sich trotz deutlicher Aufs und Abs doch immer wieder an dieses Wort zu halten, ihm zu vertrauen. Glauben heißt, die Spannung durchzuhalten und durchzutragen, auch wenn wir zwischendurch müde werden, wenn wir zwischendurch aufgeben wollen, wenn die Umstände zwischendurch lauthals »dagegensprechen«.

Ich möchte an eine bekannte neutestamentliche Geschichte erinnern. Sie beleuchtet denselben Sachverhalt, wie wir ihn in 1. Mose 21 vor uns haben. Es handelt sich um die Erzählung von dem Hilfe suchenden Hauptmann, die Johannes berichtet.

»Und Jesus kam abermals nach Kana in Galiläa, wo er das Wasser zu Wein gemacht hatte. Und es war ein Mann im Dienst des Königs; dessen Sohn lag krank in Kapernaum. Dieser hörte, dass Jesus aus Judäa nach Galiläa kam, und ging hin zu ihm und bat ihn, herabzukommen und seinem Sohn zu helfen; denn der war todkrank. Und Jesus sprach zu ihm: Wenn ihr nicht Zeichen und Wunder seht, so glaubt ihr nicht. Der Mann sprach zu ihm: Herr, komm herab, ehe mein Kind stirbt! Jesus spricht zu ihm: Geh hin, dein Sohn lebt! Der Mensch glaubte dem Wort, das Jesus zu ihm sagte, und ging hin. Und während er hinabging, begegneten ihm seine Knechte und sagten: Dein Kind lebt. Da erforschte er von ihnen die Stunde, in der es besser mit ihm geworden war. Und sie antworteten ihm: Gestern um die siebente Stunde verließ ihn das Fieber. Da merkte der Vater, dass es die Stunde war, in der Jesus zu ihm gesagt hatte: Dein Sohn lebt. Und er glaubte mit seinem ganzen Hause. Das ist nun das zweite Zeichen, das Jesus tat, als er aus Judäa nach Galiläa kam.« (Johannes 4,46-54)

In der Mitte dieser Erzählung steht der Satz: »Der Mensch glaubte dem Wort, das Jesus zu ihm sagte, und ging hin« (Vers 50). Dieser Mann hatte einen langen Weg hinter sich, als er Jesus persönlich sein Anliegen vortrug, einen Weg voller innerer Unruhe, Sorge für sein Kind, Sehnsucht nach Heilung. Jesus speiste ihn scheinbar ab mit seinem Satz: »Geh hin, dein Sohn lebt.« So jedenfalls hätte es sich für seine Ohren anhören können. Warum drückte der Meister kein Mitgefühl aus? Warum erklärte er sich nicht bereit, sich stehenden Fußes zusammen mit dem Vater auf den Weg zu dem Todkranken zu machen, um ihn an Ort und Stelle zu »behandeln«? Der Beamte besaß Glauben genug, Jesu Zusage zu akzeptieren, obwohl er nichts sah und nichts fühlte. Er umklammerte den Zuspruch, der ihm zuteil geworden war: »Jesus hat gesagt: ›Dein Sohn lebt.‹«

Der Rückweg war unsagbar lang. Stunde für Stunde brachte er hinter sich. Eine ganze Nacht musste durchlebt werden. Unruhige Gedanken werden ihn angefallen haben: Haben meine Knechte, wenn sie mir entgegenkommen, verquollene Augen? Werden sie mit tränenerstickter Stimme sagen: Es ist passiert!? Nicht Heilung, sondern das Andere, Schreckliche? Irgendwann kommen sie ihm tatsächlich entgegen, und sie sagen: »Er lebt.« Der Beamte fragt: »Wann ist die Wende eingetreten?« Sie antworten: »Gestern um ein Uhr mittags.« Der Mann weiß, Jesus hat es gesagt.

In manchen Situationen sind Minuten wie Stunden, Stunden wie Tage. Dieser Mann ergriff Gottes Wort und hatte den Mut, daran festzuhalten, mit ihm weiterzugehen, bis er die Erfüllung der göttlichen Zusage erlebte. – Der Bogen seines Glaubens umspannte einen langen Tag.

Ein anderes neutestamentliches Zeugnis findet sich im ersten Kapitel der Apostelgeschichte:

»Und als er mit ihnen zusammen war, befahl er ihnen, Jerusalem nicht zu verlassen, sondern zu warten auf die Verheißung des Vaters, die ihr, so sprach er, von mir gehört habt; denn Johannes hat mit Wasser getauft, ihr aber sollt mit dem heiligen Geist getauft werden nicht lange nach diesen Tagen. Die nun zusammengekommen waren, fragten ihn und sprachen: Herr, wirst du in dieser Zeit wieder aufrichten das Reich für Israel? Er sprach aber zu ihnen: Es gebührt euch nicht, Zeit oder Stunde zu wissen, die der Vater in seiner Macht bestimmt hat; aber ihr werdet die Kraft des heiligen Geistes empfangen, der auf euch kommen wird, und werdet meine Zeugen sein in Jerusalem und in ganz Judäa und Samarien und bis an das Ende der Erde.« (Apostelgeschichte 1,4-8)

Jesus erteilte seinen Jüngern hier ein Verbot, und er gab ihnen ein Gebot. Das Verbot untersagte ihnen, Jerusalem zu verlassen. Das Gebot wies sie an, nach der Verheißung des Vaters auf den Heiligen Geist zu warten. Sie vertrauten und gehorchten diesem Wort. Sie nahmen es mit, zogen sich zurück in das Obergemach und blieben dort zusammen. Aber diesmal handelte es sich nicht um einen Tag, sondern um zehn lange Tage des Wartens. Auch sie sahen nichts und fühlten nichts, sie wussten nur: Es wird kommen, der Geist wird kommen. Sie blieben zusammen und priesen Gott und flehten und bekannten vielleicht ihre Sünden und ordneten vielleicht ihr Leben. Und dann trat »es« ein. Da wussten sie mit überwältigender Klarheit: Der Geist war gekommen, die Verheißung war realisiert.

Wunderbar war die Frucht des pfingstlichen Geschehens: Dreitausend Leute bekehrten sich zu Jesus Christus. Ich frage mich, wie sie den Abend des Pfingsttages verbrachten, als diese dreitausend Menschen bereits getauft worden waren. Ob sie in dieser Nacht überhaupt schliefen? Vielleicht feierten sie bis in den Morgen hinein vor Freude und Dank? – In diesem Fall lag zwischen Verheißung und Erfüllung ein Zeitraum von zehn Tagen.

Ein drittes biblisches Beispiel ist die Geschichte von dem alten Simeon. Von ihm heißt es in Lukas 2,25-32:

»Und siehe, ein Mann war in Jerusalem, mit Namen Simeon; und dieser Mann war fromm und gottesfürchtig und wartete auf den Trost Israels, und der heilige Geist war mit ihm. Und ihm war ein Wort zuteil geworden von dem heiligen Geist, er solle den Tod nicht sehen, er habe denn zuvor den Christus des Herrn gesehen. Und er kam auf Anregen des Geistes in den Tempel. Und als die Eltern das Kind Jesus in den Tempel brachten, um mit ihm zu tun, wie es Brauch ist nach dem Gesetz, da nahm er ihn auf seine Arme und lobte Gott und sprach: Herr, nun lässt du deinen Diener in Frieden fahren, wie du gesagt hast; denn meine Augen haben deinen Heiland gesehen, den du bereitet hast vor allen Völkern, ein Licht, zu erleuchten die Heiden und zum Preis deines Volkes Israel.«

Ich weiß nicht, wann Simeon seine Offenbarung bekommen hat. Vielleicht war er noch verhältnismäßig jung, vielleicht befand er sich in seiner mittleren Lebensphase. Jedenfalls verging die Zeit: Nicht ein Tag wie bei dem Hauptmann, nicht zehn Tage wie bei den Jüngern vor Pfingsten, nein, Jahre müssen verstrichen sein. Simeon hielt an »seiner« Verheißung fest. Vielleicht darf man mit ein bisschen Phantasie sagen: Dieser Mann wäre längst tot gewesen, wenn ihn die Erwartung der Zusage Gottes nicht am Leben erhalten hätte. Er hatte ein Wort von Gott bekommen, das umklammerte er. »Herr, ich kann noch nicht sterben. Es steht noch etwas aus. Du hast es mir versprochen.« Jahre oder Jahrzehnte vergingen, ehe er schaute, was er geglaubt hatte.

Eine vierte Bibelstelle, auf die ich hier hinweisen will, findet sich im Alten Testament (Josua 21,43-45):

»So hat der HERR Israel das ganze Land gegeben, das er geschworen hatte, ihren Vätern zu geben, und sie nahmen's ein und wohnten darin. Und der HERR gab ihnen Ruhe ringsumher, ganz wie er ihren Vätern geschworen hatte; und keiner ihrer

Feinde widerstand ihnen, sondern alle ihre Feinde gab er in ihre Hände. Es war nichts dahingefallen von all dem guten Wort, das der HERR dem Hause Israel verkündigt hatte. Es war alles gekommen.«

Wann lebten die »Väter«, von denen hier die Rede ist? Josua war der Nachfolger des Mose. Auf welch einen Zeitraum blickt Josua 21,43-45 zurück? Er umspannt runde 1000 Jahre! Nach einem Jahrtausend also erfüllt sich Gottes Versprechen. Jetzt kann und muss der biblische Erzähler sagen: Es ist alles in Erfüllung gegangen; Gott hat sein Wort gehalten.

Ein letzter Hinweis zum Thema »Warten auf die Erfüllung einer Verheißung«: Es gibt ein Wort Jesu an seine Gemeinde, dessen Erfüllung seit zweitausend Jahren aussteht. Es lautet: »Ja, ich komme bald« (Offenbarung 22,20). Die ersten Christen waren von der Wahrheit dieser Botschaft in einer Weise durchdrungen, die für uns unvorstellbar ist. Wenn wir einmal all die Stellen im Neuen Testament unterstreichen würden, die direkt oder indirekt von der Wiederkunft Jesu handeln, wären wir über deren große Zahl wohl erstaunt. Für die ersten Christen war das Kommen Jesu in Herrlichkeit kein Thema unter vielen, sondern Zentrum ihrer Hoffnung.

Inzwischen sind zweitausend Jahre vergangen. Manche Theologen erklären: Diese Wiederkunfts-Erwartung war ein Produkt des urchristlichen Enthusiasmus, also einer gläubigen Begeisterung. Sie meinen damit auch: Das Thema hat sich durch die Geschichte erledigt, diese Überzeugung ist faktisch widerlegt. Aber immer da, wo der Glaube in tiefere Dimensionen vorstößt, bekennen Christen heute wie damals mit Gewissheit: »Jesus kommt wieder.« In der Jesus-People-Bewegung der siebziger Jahre glaubten und bekannten junge Leute von ganzem Herzen: Jesus kommt wieder. Manche zogen damals ohne Frage recht einseitige Konsequenzen, soweit es etwa um die Themen »Ehe« oder »weltliche Pflichten« ging. Aber der Glaubensimpuls, dem sie folgten, war echt.

Tatsache ist: Wir alle gehen, wissend oder ahnungslos, auf diesen Tag zu, an dem Jesus wiederkommt. Wie ein riesiger Regenbogen steht diese noch immer unerfüllte Verheißung Gottes über unserem Leben. Zweitausend Jahre sind wahrhaftig eine lange Zeit! Und keiner weiß, wie lange wir noch zu warten haben. Aber Jesus wird sein Versprechen einlösen. Und am Abend jenes Tages, den wir mit erhobenen Häuptern voller Freude darüber erleben werden, dass die Welt verändert wird, weil der rechtmäßige Herr des Universums endlich alle Zügel in die Hand nimmt: Da werden wir eine wunderbare Party feiern – wenn ich einmal so menschlich reden darf. Die Bibel spricht von dem »Hochzeitsmahl des Lammes«. Der Glaube wird übergehen in reine Erfahrung, in Schauen, wie die Bibel sagt.

In diesem Kapitel geht es um die Spannungs-Bögen des Glaubens, innerhalb derer wir als Gläubige leben. Sie können einen Tag, zehn Tage, viele Jahre, ein rundes Jahrtausend, zweitausend Jahre oder mehr umschließen. Regelmäßig erleben wir Wartezeiten des Glaubens: Zu einem Zeitpunkt A erfassen wir Gottes Zusage im Hinblick auf ein bestimmtes Problem, an einem Zeitpunkt B erleben wir, dass unser Glaube zur Sichtbarkeit wird. Diese Abstände können unter Umständen nur Stunden oder noch kürzere Zeiträume umschließen, sie können sich aber auch leidvoll in die Länge ziehen. Was heißt das für den Alltag unseres Glaubens?

Es kann sein, dass wir als Gruppe für einen Gottesdienst beten, der in einer Stunde beginnen soll. Wir bringen uns Gottes Zusagen in Erinnerung, beten leidenschaftlich um bestimmte Segnungen und gewinnen im Glauben die innere Gewissheit: dies und das wird Gott heute tun. Drei Stunden später können wir im Rückblick dankbar bekennen: Genauso ist es eingetreten! (Zum Beispiel haben sich zwei Menschen im Gottesdienst erstmals öffentlich zu Jesus Christus bekannt.) So kann unser Glaube schon nach kurzer Zeit zur Erfahrung werden.

Möglicherweise dauern die Dinge aber viel länger. Immer wieder haben Christen dafür gebetet, dass ihre Freunde, Kollegen, Kinder oder Eltern zum Glauben an Jesus Christus finden möchten. Sie flehten einen Monat, zwei Monate, ein Jahr, mehrere Jahre. Dann schenkte Gott ihnen eine innere Gewissheit: Die Person X wird den

Schritt tun! Von da an baten sie nicht mehr, sondern dankten im Voraus. Sie »besaßen« die Erhörung ihres Gebetes im Glauben, als Zusage Gottes, sahen aber noch nichts. Wochen später kam der Tag, an dem dieser Mensch, für den sie gebetet hatten, sein Leben Christus anvertraute. Sie erfuhren: Es ist passiert, Gott hat sein Wort eingehalten.

Es mag sein, dass Sie einen Arbeitsplatz brauchen, aber bisher keinen gefunden haben. Sie hören in Ihrem Herzen, vermittelt durch eine Predigt oder ein sorgfältiges privates Bibelstudium, die Zusage Gottes: »Ich werde dir Arbeit geben.« Nehmen Sie sie an und suchen Sie weiter. Und wenn die ersten sieben Absagen hinter Ihnen liegen, sagen Sie nicht: »Ach, es wird bei mir nicht klappen.« Gehen Sie weiter!

Oder: Sie haben einen Ehemann, der sich nach wie vor dem Glauben gegenüber ablehnend verhält, obwohl Sie oft für ihn gebetet haben. Sagen Sie nicht: »Das ist eben jetzt so. Er will einfach nicht. Fünf Jahre Gebet reichen mir.« Gottes Zeitpläne sind anders als unsere. Es tut weh, zu sehen, dass er fünf Jahre neben Ihnen steht. Aber sagen Sie nicht: »Ich gebe den Glauben an die Gebetserhörung auf.« Ergreifen Sie diesen Glauben neu und beten Sie: »Herr, du willst, dass alle Menschen gerettet werden und zur Erkenntnis der Wahrheit kommen (1. Timotheus 2,4). Mein Mann gehört zu diesen ›allen‹. Bitte rette ihn doch!«

Oder: Sie haben vielleicht eine sechzehnjährige Tochter, die Ihnen sehr wehtut, weil sie einen Lebensstil praktiziert, der mit Ihren moralischen Standards unvereinbar ist. Sie ist zu alt, als dass man ihr Verbote erteilen könnte. Mit ihrem Verhalten rebelliert sie gegen Sie, aber auch gegen Gott. Sie haben Gott bereits um Vergebung für Ihren Anteil am Fehlverhalten dieser Tochter gebeten und ihm oft in den Ohren gelegen, er möge ihr eine tiefgreifende Bekehrung schenken. Bisher zeichnet sich keinerlei Veränderung ab. Gehen Sie von neuem in die Spannung des Glaubens hinein. Wir können den Himmel auf die Erde herunterbringen, wenn wir diesen Weg gehen.

Es geht immer um die gleiche Wahrheit. Hier ist Gottes Wort, dort unser Glaube. Sind Sie bereit, dieses Wort zu nehmen, festzuhalten und zu sagen: »Ich lasse nicht zu, dass es mir irgendjemand aus den Händen reißt, ich gehe mit dem Wort weiter. Und wenn ich nicht gehe, krieche ich, vielleicht auf allen Vieren, aber ich will mich mit dem Wort weiterbewegen, ich will bis zu dem Punkt gelangen, wohin das Wort mich führen möchte: zu einer intensiven neuen Erfahrung mit Gott.«

Häufig kommt es auf diesem Wege zu Ermüdungserscheinungen. Wir glauben, keine Kraft mehr zu haben. Es dauert uns alles zu lange. In solchen Situationen verdammt Gott uns nicht. Vielmehr blickt er uns an und sagt: »Mein Wort gilt noch immer. Ergreife es doch neu. Lass dich noch einmal ein auf diese Spannung zwischen dem Jetzt und dem Dann, zwischen der Zusage und ihrer Erfüllung.«

Es geht von Glauben zu Erfahrung, von neuem Glauben zu weiterer Erfahrung. Bibelleser wissen, dass noch etwas vor Abraham steht: Morija – die Opferung des Sohnes. Hier kommt es noch einmal zu einer dramatischen Steigerung. Aber Abraham weiß inzwischen aus Erfahrung, dass Gott treu ist.

Kapitel 13

Das unvergleichliche Opfer oder: Die Unerschütterlichkeit des Glaubens

1 Nach diesen Geschichten versuchte Gott Abraham und sprach zu ihm: Abraham! Und er antwortete: Hier bin ich.
2 Und er sprach: Nimm Isaak, deinen einzigen Sohn, den du lieb hast, und geh hin in das Land Morija und opfere ihn dort zum Brandopfer auf einem Berge, den ich dir sagen werde.
3 Da stand Abraham früh am Morgen auf und gürtete seinen Esel und nahm mit sich zwei Knechte und seinen Sohn Isaak und spaltete Holz zum Brandopfer, machte sich auf und ging hin an den Ort, von dem ihm Gott gesagt hatte.
4 Am dritten Tage hob Abraham seine Augen auf und sah die Stätte von ferne
5 und sprach zu seinen Knechten: Bleibt ihr hier mit dem Esel. Ich und der Knabe wollen dorthin gehen, und wenn wir angebetet haben, wollen wir wieder zu euch kommen.
6 Und Abraham nahm das Holz zum Brandopfer und legte es auf seinen Sohn Isaak. Er aber nahm das Feuer und das Messer in seine Hand; und gingen die beiden miteinander.
7 Da sprach Isaak zu seinem Vater Abraham: Mein Vater! Abraham antwortete: Hier bin ich, mein Sohn. Und er sprach: Siehe, hier ist Feuer und Holz; wo ist aber das Schaf zum Brandopfer?
8 Abraham antwortete: Mein Sohn, Gott wird sich ersehen ein Schaf zum Brandopfer. Und gingen die beiden miteinander.
9 Und als sie an die Stätte kamen, die ihm Gott gesagt hatte, baute Abraham dort einen Altar und legte das Holz darauf und band seinen Sohn Isaak, legte ihn auf den Altar oben auf das Holz
10 und reckte seine Hand aus und fasste das Messer, dass er seinen Sohn schlachtete.

11 Da rief ihn der Engel des HERRN vom Himmel und sprach: Abraham! Abraham! Er antwortete: Hier bin ich.

12 Er sprach: Lege deine Hand nicht an den Knaben und tu ihm nichts; denn nun weiß ich, dass du Gott fürchtest und hast deines einzigen Sohnes nicht verschont um meinetwillen.

13 Da hob Abraham seine Augen auf und sah einen Widder hinter sich in der Hecke mit seinen Hörnern hängen und ging hin und nahm den Widder und opferte ihn zum Brandopfer an seines Sohnes Statt.

14 Und Abraham nannte die Stätte »Der HERR sieht«. Daher man noch heute sagt: Auf dem Berge, da der HERR sieht.

15 Und der Engel des HERRN rief Abraham abermals vom Himmel her

16 und sprach: Ich habe bei mir selbst geschworen, spricht der HERR: Weil du solches getan hast und hast deines einzigen Sohnes nicht verschont,

17 will ich dein Geschlecht segnen und mehren wie die Sterne am Himmel und wie den Sand am Ufer des Meeres, und deine Nachkommen sollen die Tore ihrer Feinde besitzen;

18 und durch dein Geschlecht sollen alle Völker auf Erden gesegnet werden, weil du meiner Stimme gehorcht hast.

19 So kehrte Abraham zurück zu seinen Knechten. Und sie machten sich auf und zogen miteinander nach Beerscheba, und Abraham blieb daselbst. (1. Mose 22,1-19)

Diese großartige Geschichte gibt zu verschiedenen Überlegungen Anlass. Das erste, worauf ich hinweisen möchte, ist die Art, wie erzählt wird. Hier begegnet uns ganz hohe Kunst. Diese besondere Qualität liegt in der immer nur andeutenden Sprache. In späterer Zeit hätte ein moderner Erzähler wohl von den Stürmen in der Seele Abrahams gesprochen. Er hätte erzählt, wie es in ihm brodelte und schrie: »Herr, was willst du denn eigentlich?« Diese Geschichte ist so behutsam erzählt, dass man die Dinge gleichsam nur von außen sieht. Aber gerade dadurch ergreift sie uns so sehr.

Diese Geschichte weckt zweitens die Erinnerung daran, dass es in der Religionsgeschichte Menschenopfer gab. Irgendwann brach sich die Einsicht Bahn, dass Gott sie nicht will. Unsere Erzählung bezeugt – unter anderem: »Der Gott der Bibel will keine Menschenopfer.« Es lohnt, auch darüber nachzudenken.

Diese Geschichte besitzt – drittens – die Kraft, Menschen in Unruhe zu versetzen. Ich könnte jeden verstehen, der klagt: »Mit diesem Gott habe ich es schwer. Ich weiß nicht, ob ich mich jemandem anvertrauen möchte, der so etwas verlangt, der einem Vater so etwas zumutet.« Diese Leute sind wahrscheinlich nicht getröstet, wenn man ihnen erwidert: »Aber am Ende kam es doch nicht zum Äußersten.« Sie werden sagen: »Gut, dafür aber litt Abraham tagelang unsäglich. Da zählt doch jede Stunde wie eine Ewigkeit. Wie konnte Gott diesen Mann solchen Qualen überantworten? Wie kann ein Gott der Liebe so etwas verlangen?« Für sie ist dann die Morija-Geschichte vielleicht ein weiterer Grund dafür, dem Gott der Bibel fern zu bleiben.

Und viertens kann man diese Geschichte verstehen als den Ausdruck einer Haltung, die Gott das Liebste gibt. Darum ist es in manchen frommen Kreisen üblich geworden zu sagen: »Gib doch Gott deinen Isaak. Überlass ihm das, was dir am kostbarsten, am wichtigsten, am liebsten neben Gott ist, lass das los, behalte nichts in deinem Leben, was mit Gott in Konkurrenz treten könnte.«

Mir geht es allerdings darum, diese Geschichte in den weiten Bogen der Abraham-Geschichten hineinzustellen, also nicht isoliert, nicht als eine für sich genommene Erzählung, sondern als den Abschluss eines langen Weges zu sehen. Wir haben diesen Weg miteinander verfolgt. Wir sahen, dass es in allen Texten direkt oder indirekt um das Thema »Glaube« ging.

Wir haben auch erkannt: Dieser Glaube gewann selbst bei dem, der der Vater des Glaubens genannt wird, nicht schlagartig an Festigkeit. Oftmals war das Eis seines Vertrauens zu dünn. Wir haben keinen Grund, dies zu entschuldigen, weder bei Abraham noch bei uns, aber es ist doch so, dass es uns davor bewahrt zu sagen: »Der konnte es, aber wir schaffen es vielleicht nie.« Dieser Vater des Glaubens fiel nicht vom Himmel. Dieser Meister war nicht gleich fertig. Wenn Gott ihm diese Zeit gönnte, dann können wir damit rechnen, dass Gott auch uns nicht verdammt, wenn wir uns in Krisensituationen, in Zeiten der Müdigkeit, der Enttäuschung als glaubensschwach erweisen.

Wir haben gesehen, dass Gott Abraham an solchen Stellen keinesfalls von sich stieß, sondern durch seine Nähe, seine Zeichen und seine Zuwendung ermutigte.

Mit welchen Hindernissen des Glaubens hatte es Abraham vor Morija zu tun? Die Antwort ist einfach: In den Weg seines Glaubens stellte sich immer wieder jenes Hindernis, das ich als ein Fixiertsein auf die allgemeine Erfahrung, die Naturgesetze, auf das, was man so kennt, bezeichnen möchte. Zum Beispiel auf die Tatsache, dass Menschen altern und damit über gewisse Fähigkeiten nicht mehr verfügen. Das ist der Lauf der Dinge. Und Abraham musste gegen den Lauf der Dinge glauben. Er musste vertrauen, dass Gott etwas tun würde, was nach einer allgemeinen Lebenserfahrung undenkbar erschien.

Hier, in dieser Geschichte, wird die Hürde noch einmal erhöht. Das Schlüsselwort liefert uns der Erzähler gleich am Anfang. Es hilft uns zu verstehen, wie der biblische Erzähler diese Geschichte verstanden haben wollte. »Nach diesen Geschichten versuchte Gott Abraham« (Vers 1). Da testete er ihn also. Er testete ihn zum letzten Mal. Und er testete ihn so radikal, dass jemand, der nicht schon eine lange Geschichte mit Gott gehabt hätte, durchgefallen wäre. Gott dosiert die Schwierigkeiten unseres Weges mit ihm sehr genau. Er lässt uns nicht über unsere Kräfte hinaus versuchen. Manchmal behaupten wir das, weil wir das Wort Gottes nicht genügend kennen oder ernst nehmen. Die Wahrheit ist: Gott versucht niemanden über sein Vermögen. Das ist ein großer Trost.

Welche Spannung musste Abraham durchleben? Er musste Gott vertrauen und ihn mehr lieben als diesen einen Sohn, auf den er so lange gewartet hatte, diesen Sohn, der sein Stolz war, an dem er hing, diesen Sohn seines Alters, diesen einzigen wirklich gottgeschenkten Sohn, denn Ismael war sozusagen ein geistlicher Fehltritt. Er musste diesen Sohn loslassen. Was der Erzähler nur andeutet, was den Leser aber so anspringt, ist dieser Schmerz um den Sohn. Und er lässt ihn wirklich los! Abraham weiht niemand in seine Schwierigkeiten ein, er durchschreitet diese dunkle Zone völlig einsam. Die Knechte wissen nicht, der Sohn weiß nicht, und ich vermute, obwohl es die Geschichte nicht sagt, auch seine Frau weiß nicht, was er tun muss. Er lässt diesen Sohn los. Und das als ein Orientale!

Das bedeutet weiter: Abraham lässt seine ganze Zukunft los, denn der Sohn ist für ihn seine Zukunft. Wenn der Sohn tot ist, dann erlischt sie. Wir müssen uns klar machen: Abraham glaubte noch nicht an ein ewiges Leben. Den Glauben an eine heilvolle Zukunft über den Tod hinaus schenkte Gott erst viel später. In Abrahams Tagen war man überzeugt, dass mit dem irdischen Tode auch die Gemeinschaft mit Gott endete. Alle Erwartung richtete sich auf die irdische Zukunft, und der Sohn war die Verkörperung dieser Zukunft. Trotzdem ging Abraham nach Morija.

Ich glaube allerdings, der allerhärteste Konflikt lag in etwas Drittem, nämlich dass es da diese Stimme gab, die sagte: »Jetzt kann ich Gott nicht mehr verstehen. Ich kann *Gott* nicht mehr verstehen!« Es ist eine Sache, um den Sohn zu trauern, um die eigene Zukunft, aber wenn jemand über Jahrzehnte in eine Schule genommen wird, in der es darum geht, Gottes Wesen zu begreifen, und er lernt es schrittweise, und dieser selbe Gott verbirgt sich dann bis zur Unkenntlichkeit: da brechen Welten zusammen. Da besteht die Gefahr, dass man sagt: »Gott spielt mit mir. Er hat mich Jahrzehnte lang auf ein bestimmtes Ziel zu geführt, und nun war alles nicht so gemeint.« Ich glaube, es ist die größte Anfechtung für einen Gläubigen, wenn er den Eindruck hat: »Ich kann Gott nicht mehr verstehen. Ich wäre ja bereit, dies und jenes aufzugeben, aber ich kann Gott nicht mehr verstehen: den Gott, der mir wieder und wieder sein Wort gegeben hat und der nun seinem eigenen Wort zu widersprechen scheint. Der Gott, zu dem ich Vertrauen gefasst habe, ist ein ganz anderer Gott als der, dem ich jetzt begegne.« So gerät Abraham an seine äußersten emotionalen, vorstellungsmäßigen, geistlichen Grenzen.

Allerdings hat eine Wahrheit in seinem Herzen Wurzeln geschlagen: »Wenn Gott es sagt, wenn Gott es will, dann ist es richtig, auch wenn ich es nicht begreife.« Wenn Sie Ihr eigenes Herz kennen, dann wissen Sie: Dies ist das Letzte, wozu auch Gläubige bereit sind. »Wenn Gott uns doch wenigstens die Dinge erklären würde, die er tut«, sagen wir, »dann könnten wir ihm vertrauen.« Aber er erklärt sie nicht. Ich will die Einzigartigkeit der Morija-Erfahrung Abrahams nicht einebnen. So eine Versuchung wird von keinem andern Menschen berichtet. Und doch müssen auch heutige Christen gelegentlich etwas von dem, was dieser Patriarch hier erlebt, durchmachen. Wir wollen Gott vertrauen und haben doch zunächst den Eindruck, wir könnten es nicht.

Die Größe Abrahams, genauer gesagt, seines in vielen Stürmen wetterfest gewordenen Glaubens, zeigt sich darin, dass er inmitten dieses schrecklichen Konfliktes, all dieser Stimmen, die auf ihn einstürmen, weitergeht: Stunde für Stunde, Tag für Tag – vom Aufbruch zu Hause bis in die Nähe des Berges, von der Verabschiedung der Knechte bis nach Morija selbst, und dass er Schritt für Schritt die Dinge tut, die er als seine Aufgabe verstanden hat, bis zu dem Augenblick, wo er das Messer hebt. Ich lasse den Einwand nicht gelten: »Na ja, am Ende hat er seinen Sohn ja wiedergekriegt.« Nein: Abraham hat ihn Tausende Male auf dem langen Weg nach Morija geopfert. Er hat ihn sich aus dem Herzen gerissen, er hat ihn wirklich hingegeben, tatsächlich losgelassen. Dem Zweifel an Gott hat er Tausende von Malen widersprochen. Der Sorge um seine Zukunft hat er wieder und wieder den Abschied gegeben. Er hat sich wirklich als ein in Gott gegründeter Vater des Glaubens erwiesen.

Was wollte Gott denn sehen? Gott wollte sehen, ob Abraham glaubte, ohne zu schauen, glaubte, ohne Beweise zu haben, glaubte, ohne das mit seiner Logik vereinbaren zu können, glaubte, ohne an dem Alten festzuhalten. Wenn Sie in Ihrem Herzen an dieser Stelle eine Anspruchshaltung entdecken, wie sie in Millionen Herzen vorhanden ist, einen Forderungskatalog an Gott: »Erst dann, wenn ich . . .«, »Herr, du musst . . .«, dann lassen Sie sich sagen: Gott muss überhaupt nichts. Rebellion gegen Gott hat viele Seiten. Eine Seite ist, dass wir ihm vorschreiben möchten, wie er handeln muss. Als wenn wir dazu ein Recht hätten! Als wenn wir den Überblick hätten! Als wenn wir alle Dinge wüssten, die wir wissen müssten, um zu erkennen, was für uns gut ist. Wir wissen es nicht. Und darum schließt Glaube auch ein – das ist nicht gerade seine leichteste Seite –, dass wir Rebellion, Misstrauen, diese Forderungshaltung gegenüber Gott aufgeben. Sie steht uns nicht zu. Wer sind wir denn? Gott ist im Himmel, und wir sind auf der Erde. Er ist allwissend, und wir erkennen gerade mal das Nötigste.

Solange wir Rebellion gegen Gott in unserem Herzen beherbergen, auch wenn wir sie unter frommen Vokabeln verstecken, können wir nicht zur Freude des Glaubens gelangen. Die Vorstellung, dass man Gott besser vertrauen könnte, wenn man wüsste, warum er Dinge tut oder zulässt, ist ganz naiv. Vertrauen bewährt sich nämlich gerade dort, wenn wir nicht begreifen, was Gott vorhat. Viele verfahren nach der Logik: »Erkläre mir, Herr, warum das so ist, dann will ich dir vertrauen.« Es verhält sich genau umgekehrt! Vertrauen Sie Gott tiefer und tiefer, und Sie werden nicht mehr darauf bestehen, dass er Sie in die dunklen Geheimnisse seines Handelns einweiht.

Manchmal habe ich mir die Frage gestellt: Wird Gott uns wenigstens im Himmel die Dinge erklären, die wir hier nicht begriffen haben? Meine, wie ich zugebe, unmaßgebliche persönliche Antwort lautet: Wenn wir im Himmel sind, werden wir vielleicht gewisse Fragen gar nicht mehr stellen, weil wir mit dem Anschauen Gottes vollauf beschäftigt sind. Und deswegen wird er sie uns auch nicht beantworten müssen. Der »Himmel« ist ja nicht die höhere Fortsetzung der Erde, sondern eine radikal andere Seinsweise.

Ist Gott grausam? Der Vorwurf hält sich zäh. Und es gibt keinen Christen, der nicht zu gewissen Zeiten in Versuchung kommt, Derartiges zu denken. Wenn es nicht um Sie selber geht, dann um andere, zum Beispiel um Menschen, die permanent Schmerzen haben und auch mit Morphium nur eine gewisse Linderung erfahren. Ich glaube nicht, dass es logische oder auch theo-logische Argumente gibt, die Sie an dieser Stelle überzeugen können. Was uns am Ende hilft, ist nur der Blick in Gottes Herz. Wenn wir Gottes Herz kennen gelernt, wenn wir erkannt haben, dass er Liebe ist und nicht nur gelegentlich liebevoll handelt, dann kommt unser unruhiges Herz zur Ruhe.

Darum kann ich gar nicht anders, als von dem anderen Vater zu sprechen, der seinen eigenen Sohn eben nicht verschonte, sondern ihn für uns alle umbringen ließ, für den kein Widder existierte, der schließlich das Äußerste unnötig machte. Niemand hat ihn in seinem Schmerz getröstet. Der Vater hat ihn sich vom Herzen gerissen, diesen Sohn, den einzigen. Auf dem Hügel Golgatha hat er ihn tatsächlich geopfert. Damit ist seine Liebe für alle Jahrtausende unwiderleglich dokumentiert, für jeden Menschen, der sich auf sie einlassen will. Und immer dann, wenn der Versucher kommt und sagt: »Sieh doch mal, wie grausam Gott ist! Er legt Menschen Lasten auf, unter denen sie zusammenbrechen müssen«, gibt es nur eine Antwort: Dass Sie nach Golgata gehen und angesichts des gekreuzigten Christus bekennen: »Ich begreife so vieles Schmerzvolle nicht. Aber ich will und darf nicht mehr an Gottes Herz zweifeln. Gott ist niemand, der Dinge auferlegt, die er nicht selber trägt, der Schmerzen zufügt, aber sich aus dem Schmerz herausgehalten hat. Gott ist der, der das größte aller Opfer gebracht hat. Es war kein Spiel. In dem Herzen Gottes starb etwas mit, als sein Sohn starb. Gott litt bis zuletzt. Der Gekreuzigte ist *das* Gottesopfer, von dem wir leben. Wie sollte er uns mit ihm nicht alles schenken?« (Römer 8,32). Hier ist der andere Vater. Und der Geist Gottes will uns dieses Vaterherz Gottes zeigen.

Für unsere alte Welt gilt: Immer da, wo tiefe Liebe ist, ist auch Schmerz. Liebe ohne Schmerz – das ist eine moderne sentimentale Sicht, die einer egoistischen Kultur entstammt. Für viele von uns hat Liebe zu tun mit Nettigkeit, Freundlichkeit, Sich-Wohlfühlen und Voneinander-angezogen-Sein. Aber wahre Liebe besitzt ihre Tiefe. Wenn Eltern ihre Kinder wirklich lieben, werden sie immer auch Schmerz erfahren. Wenn Sie einen anderen Menschen lieben, einen

Freund, einen Ehepartner, einen Notleidenden, werden Sie immer auch Schmerz erleben. Wäre die Welt vollkommen, dann würden wir Gott keine Schmerzen bereiten. Wäre die Welt vollkommen, so würden wir einander keine Schmerzen bereiten. Erst in der Vollendung aller Dinge, wenn das Böse, die Angst und der Tod aufgehört haben, wird die Liebe nicht mehr leiden.

Der Gott, dem wir uns anvertraut haben, ist gerade deswegen so vertrauenswürdig, weil er sich dem Schmerz in seiner Liebe nie entzogen hat, sondern weiter in diesem Schmerz aushält, weiter über Jerusalem, Berlin, Hamburg, München, New York, Buenos Aires, Moskau oder wie immer die Orte heißen, weint, weil er Anteil nimmt an seinen schuldigen und leidenden Geschöpfen. Was immer er uns zumutet, auch das, was wir mitunter gar nicht verstehen, kommt aus diesem Herzen der Liebe. Das erkennen wir nicht, solange wir in das Leiden starren und sagen: »Ist das etwa gut anzusehen?« Natürlich ist es das nicht. »Ist das etwa leicht?« Natürlich nicht. Was Gott uns zumutet, entspringt einem liebenden Vaterherzen Gottes, das weiß, was für uns gut ist.

Wir sollten aufhören, ihm Vorhaltungen zu machen, und sagen: »Herr, auch da, wo ich dich nicht begreife, sage ich ja zu deinem Willen. Und ich glaube deinem Wort, dass du ein Gott der Liebe bist und dass dein tiefstes Wesen und damit auch deine tiefste Absicht mit mir Liebe ist.«

So war es Liebe, die Gott trieb, Abraham den Gang nach Morija zuzumuten, nicht Sadismus. Je näher Gott uns an sich ziehen kann, weil wir es zulassen, umso anspruchsvoller werden auch die Testphasen, durch die er uns führt. Es ist immer wieder befreiend, wenn wir dann zu ihm aufblicken und sagen: »Gott, du bist Liebe. Die gegenwärtige Erfahrung scheint deiner Liebe zu widersprechen, aber ich weiß, dass es für dich nicht so ist. Du bist Liebe.« Der Friede, der aus dieser Haltung erwächst, ist höher als alle Vernunft und tiefer als alle Emotionen.

AUF|ATMEN

GOTT BEGEGNEN – AUTHENTISCH LEBEN

DAS MAGAZIN ZUM BUCH

AUFATMEN – sich ausklinken aus dem Streß des Alltags und zur Ruhe kommen in der Gegenwart Gottes. Zurückfinden zu einem Glauben, der kindlich vertrauend und tief zugleich ist. Ehrlich und authentisch Versagen eingestehen, sich Sehnsucht nach einem kraftvolleren Leben erlauben, Angst überwinden und neue Hoffnung gewinnen. Ermutigung aus den Erfahrungen anderer schöpfen, Glaube entdecken, der im Alltag relevant wird. Neues hören und wachsen lassen, Gott und einander in der Tiefe begegnen.

Stimmen zum Magazin AUFATMEN:

„Danke! Mein toter Gott ist durch diese Zeitschrift wieder lebendig geworden!"
S. H., 24536 Neumünster

„AUFATMEN ist einsame Spitze! Ich habe durch Ihr Magazin eine völlig neue Beziehung zu Gott bekommen und bete, daß es noch vielen so geht!"
C. Weimer, 35043 Marburg

„Umwerfend! Ihr Heft ließ mich in langen Nachtstunden neu entdecken, erkennen, staunen und aufatmen!"
W. Münnich, 73527 Schwäbisch Gmünd

AUFATMEN erscheint viermal jährlich mit 104 farbigen Seiten in wertvoller Aufmachung, Einzelhefte (DM 9,–) und Abos (DM 29,– pro Jahr, zzgl. Versandkosten) sind erhältlich bei:

AUFATMEN, Bundes-Verlag GmbH, Postfach 4065, 58426 Witten,
Telefon 02302/93093-20, Telefax 02302/93093-10